ÉDUCATION MORALE ET CIVIQUE
BIBLIOTHÈQUE DE LA JEUNESSE FRANÇAISE

HISTOIRE
DE

NAPOLÉON III

PAR

ALBERT MEYRAC

Rédacteur en chef du *Petit Ardennais*

ILLUSTRATIONS DE PAUL HERCOUET

PARIS
Librairie Centrale des Publications Populaires
45, RUE DES SAINTS-PÈRES, 45
H.-E. MARTIN, Directeur
1887

Tous droits réservés

III

HISTOIRE POPULAIRE & ANECDOTIQUE

DE

NAPOLÉON III

A LA MÊME LIBRAIRIE

DU MEME AUTEUR

HISTOIRE DE LA GUERRE DE CENT ANS, préface de M. Eugène Bonnemère, dessins de Paul Hercouet.
Un beau volume grand in-8º raisin prix broché. . . . 3 fr. 5o
Relié toile avec fers spéciaux, or et noir tranches dorées. . . . . 5 fr.

Recommandé par M. le Préfet de la Seine. Médaille d'honneur de la société d'Instruction et d'éducation libres.

Éducation Morale et Civique

Bibliothèque de la Jeunesse Française

HISTOIRE

POPULAIRE ET ANECDOTIQUE

DE

NAPOLÉON III

PAR

ALBERT MEYRAC

Rédacteur en chef du *Petit Ardennais*

PRÉFACE DE M. AUGUSTE MARAIS

Illustrations de Paul Hercouet

PARIS

Librairie Centrale des Publications Populaires

H.-E. MARTIN, Directeur

45, Rue des Saints-Pères, 45

1887

Tous droits réservés

PRÉFACE

POURQUOI CE LIVRE ?

Hier même un publiciste bien connu, M. H. Pessara, le disait dans la Revue bleue : « Bien peu de jeunes gens seraient capables de dire, sans se tromper, ce qu'étaient les Cinq, *à quelle époque ils vivaient et quelle influence ils exercèrent sur leur temps. C'est que les obus prussiens ont ouvert dans l'histoire contemporaine un sillon si profond et si large que tout ce qui est resté au delà du ravin n'apparaît plus aujourd'hui qu'en images confuses, noyées dans une buée sanglante et un brouillard de boue. »*

Ce sont ces images que M. Meyrac a voulu préciser, c'est ce brouillard qu'il a entrepris de dissiper.

Mais ici se présente aussitôt une nouvelle question. M. Meyrac a-t-il réussi ?

Nous répondrons sans hésitation : Oui.

Contemporain des événements que nous suivions avec passion, nous avons retrouvé, en lisant l'œuvre de M. Meyrac, toutes les émotions, toutes les douleurs de notre jeunesse et de notre âge mûr. Avant le Deux-Décembre nous di-

*sions avec le poète, en pensant qu'il n'était resté de toute la gloire militaire de Napoléon I*ᵉʳ *que la perte des frontières de 1795, les ressentiments de l'Europe et une foi aveugle dans les ressources de notre pays :* « *Sois maudit, ô Napoléon!* » *Aujourd'hui, hélas ! pourquoi le 2 décembre et Sédan ; pourquoi avons-nous à combattre, non plus pour notre suprématie, mais pour notre existence nationale ?*

M. Meyrac nous l'explique parfaitement. Il montre Napoléon III faisant du bonapartisme une puissance invincible, une religion, infaillible. Le vice-empereur du deux-décembre, M. Rouher, a parfaitement résumé la théorie qui a dicté la politique intérieure et extérieure de son maître. Profondément inquiets du réveil de la France aux élections de 1866, ses confidents lui exposaient leurs craintes au moment où M. Thiers allait porter à la tribune du corps législatif les légitimes revendications du pays. Que répondit-il ? Il se mit à rire et ajouta : « *Connaissez-vous le plus grand philosophe de tous les temps ? — Non — Eh bien ! C'est un Chinois ; il s'appelle* **Je — m'en — fou.** »

Tout le second empire est là.

Aug. Marais

Sous Préfet de la Défense Nationale à Autun.

CHAPITRE I

LES ORIGINES

Les Bonaparte n'ont violemment forcé et souillé l'histoire qu'à la faveur de deux guet-apens : le 18 Brumaire et le 2 Décembre 1851.

Le 18 brumaire, (10 novembre 1799) l'oncle bâilonl-nait la République, assez affaiblie déjà pourqu'il pût s'emparer du pouvoir ; le 2 décembre 1851, le neveu, — le très petit neveu, — égorgeait cette même République et, dans toute la France, le sang coulait. Massacre horrible et qui rappelle l'odieux carnage de la Saint-

Barthélemy ; encore en 1572, était-on censé s'entre-égorger pour ce que l'on appelait une croyance, pour ce que l'on supposait être une vérité, tandis qu'en Décembre 1851, la France fut ensanglantée par une poignée de viveurs voulant assouvir en parfaite sécurité leur soif de jouissances : — 1572 eut des bourreaux, 1851 n'eut que des « écorcheurs ».

> Vous ne compreniez point, mère, la politique.
> Monsieur Napoléon, c'est son nom authentique,
> Est pauvre et même prince, il aime les palais.
> Il lui convient d'avoir des chevaux, des valets,
> De l'argent pour son jeu, sa table, son alcôve,
> Ses chasses ; par la même occasion il sauve
> La Famille, l'Eglise et la Société ;
> Il veut avoir Saint-Cloud, plein de roses, l'été,
> Où viendront l'adorer les préfets et les maires ;
> C'est pour cela qu'il faut que les vieilles grand'mères
> De leurs pauvres doigts gris que fait trembler le temps,
> Cousent dans le linceul des enfants de sept ans !
>
> *(Les Châtiments.)*

Charles-Louis-Napoléon Bonaparte, — Napoléon III, — naquit au château des Tuileries, à Paris, le 20 avril 1808. Celui qui ne devait ressusciter l'Empire que pour tomber du trône en déchaînant sur la France les effroyables malheurs de l'invasion étrangère, était le dernier des trois fils nés pendant l'union du roi de Hollande, Louis Bonaparte, frère de Napoléon Ier avec Hortense de Bauharnais : encore le père, si nous en croyons certaine lettre qu'il écrivit au pape Grégoire XVI, eut-il toujours des doutes sur la légitimité de ce troisième fils.

Taciturne, rêveur, flegmatique comme un Hollandais, l'enfant fut élevé par sa mère dans la pensée qu'il pourrait être un jour l'instrument de la restauration impériale et, de bonne heure, cette perspective devint son idée fixe. La reine Hortense qui l'appelait « *mon doux entêté,* » lui parlait sans cesse de l'étoile napoléonnienne et lui écrivait :

— « Avec votre nom, mon cher fils, vous serez toujours quelque chose, soit dans la vieille Europe, soit dans le nouveau monde ; les hommes sont partout et en tous temps les mêmes ; ils révèrent malgré eux le sang d'une famille qui a possédé une grande fortune. Un nom connu est le premier à-compte fourni par le destin à l'homme qu'il veut pousser en avant... Toujours l'œil aux aguets, surveillez les occasions propices. Le gros de la nation est court d'idées, facile à émouvoir, facile à calmer, aisément enthousiaste pour les hommes qui tiennent le pouvoir. On leur demande rarement où sont leurs titres et tous les moyens de régner sont bons, légitimes, pourvu qu'on maintienne l'ordre matériellement. »

Ces maximes qui s'imprimèrent profondément dans l'esprit du jeune homme donnent en quelque sorte la clef de toute sa conduite.

« Il est dans son âme une corde qu'il ne faut pas faire vibrer, racontait sa sœur de lait, Mme Cornu, je veux parler de tout ce qui a trait à ce qu'il croit être son droit et à la grandeur de sa dynastie. Un jour que nous jouions ensemble sous les fenêtres du château d'Aremberg, j'eus la mauvaise idée de le railler malicieusement au sujet de ses rêves impériaux. Un éclair soudain brilla dans les yeux du prince ; mais il se contint, puis tout à coup m'entraîna dans le parc du château, jusqu'à une place où nous pouvions être à l'abri de tout regard, et là, s'élançant sur moi et me saisissant le bras des deux mains : « Rétracte ce que tu as dit, s'écria-t-il, rétracte, ou je te brise le bras ! » Et il me serra si violemment que, pendant huit jours, je ne pus remuer ce bras qu'avec les plus grandes difficultés. »

L'enfant irascible avait alors douze ans.

La nouvelle de la révolution de juillet qui expulsait les Bourbons du trône vint raviver tout à coup les espérances des Bonaparte exilés. Le jeune prince Louis se disposait même à partir pour Paris, lorsqu'il apprit l'avènement de Louis-Philippe. Il dut rester en Suisse et la loi du 2 décembre, qui maintint celle de janvier 1816, bannissant la famille impériale, lui démontra que l'heure n'était pas encore venue de rien tenter du côté de la France.

Il eut alors le loisir de visiter Rome, Londres, quelques autres villes importantes d'Europe, l'Amérique et se lia, au cours de ses voyages aventureux, avec un certain maréchal-des-logis, Fialin, ex-légitimiste, qui s'offrit de se constituer le commis-voyageur des idées napoléoniennes et de racoler des partisans au futur empereur.

C'est ce même Fialin qui, plus tard, devint le fameux duc de Persigny.

L'échauffourée de Strasbourg et la ridicule affaire de Boulogne furent les conséquences de ces tentatives d'embauchage napoléonien.

Pour mener à bien le complot de Strasbourg les conjurés, tout d'abord, s'associèrent une certaine actrice, Eléonore Grault, veuve Gordon, « belle, spirituelle, active, de mœurs équivoques, alors sans ressources, prête à se faire l'instrument passif de qui voudrait l'employer » et la dépêchèrent au colonel Vaudrey, commandant le 4ᵉ d'artillerie à Strasbourg. Cet homme « offrant, plus que tout autre, prise à la corruption » se laissa vite gagner par les belles paroles de cette aventurière. « Je suis toute dévouée au prince Bonaparte, dit-elle, et je serai, jusqu'à la mort, reconnaissante à l'homme qui servira sa cause comme un esclave. »

Dès ce jour un aveuglement fatal transformait en conspirateur le colonel Vaudrey.

On parvint encore à recruter le commandant Parquin, le lieutenant Laity, plusieurs aventuriers parmi lesquels MM. de Bruc, de Gricourt, de Querelles et le 29 octobre, dans la soirée, Louis Bonaparte arrivait secrètement à Strasbourg. Le lendemain, dès la première heure, le prince « revêtu d'un costume pareil à celui de Napoléon Iᵉʳ et la tête coiffée du chapeau historique » — lisons-nous dans l'acte d'accusation du procès de Strasbourg, — se dirigeait vers la caserne qu'occupait le 4ᵉ d'artillerie. Portant l'aigle impérial, MM. de Gricourt et de Querelles l'y avaient précédé.

Ils trouvent le colonel Vaudrey à la tête de ses soldats, que, par promesses et par argent, il était parvenu à corrompre.

« Soldats, — leur dit-il, en s'avançant vers Louis Bonaparte, — une révolution a renversé Louis-Philippe du trône, voici Napoléon III, empereur des Français ! Criez vive l'empereur ! »

« Vive l'Empereur ! » crièrent les soldats.

Louis Bonaparte, aussitôt, remet au colonel de Vaudrey l'aigle que portait M. de Gricourt, « promet de l'avancement à tout le monde » charge Fialin d'aller, avec une partie des artilleurs, s'emparer du préfet dans son hôtel et se porte avec le reste du régiment vers le quartier général.

Il aperçoit le général Voirol et, le serrant dans ses bras :

« Reconnaissez en moi Napoléon III. »

Le général repousse énergiquement le sinistre aventurier et flétrit en termes énergiques cette rebellion coupable.

Il est arrêté et gardé à vue par le commandant Parquin et douze artilleurs.

Arrivé à la caserne de la Finkmatt, Louis Bonaparte tente de soulever en sa faveur le 49e de ligne. Officiers et soldats repoussent offres et promesses. Plus indigné, plus énergique, le lieutenant-colonel Taillandier met enfin la main au collet du prince tremblant et le fait écrouer à la citadelle.

Gracié par Louis-Philippe il partit pour New-York « où il mena folle vie » et revint en Europe pour assister, le 3 octobre 1837, aux derniers moments de sa mère dont il devait, plus tard, justifier ces paroles sinistres qu'elle répétait souvent :

« *Si jamais Louis devient Empereur, il mangera la France.*

Et certes il voulait si résolument « devenir empereur et manger la France » qu'il ne tardait pas à tramer un nouveau complot qui eut Boulogne pour théâtre.

Le 6 août 1840 il entrait dans cette ville parodiant le débarquement de Cannes, encore coiffé du petit chapeau légendaire, apportant un aigle doré au bout d'un drapeau et un aigle vivant qu'il avait appris à tourner autour de lui en cachant un morceau de lard dans sa coiffure ; force proclamations, et suivi de soixante valets, cuisiniers, palefreniers déguisés en soldats français avec des uniformes achetés chez les marchands de vieux habits, et des boutons du 42e de ligne, fabriqués à Londres. Il jette de l'argent aux passants dans les rues de Boulogne, met son chapeau à la pointe de son épée, crie lui-même : *vive l'empereur!* tire sur un officier, le capitaine Col Puygellier, qui lui avait dit : « vous êtes un traître », un coup de pistolet qui casse trois dents à un soldat et s'enfuit.

Quand il fut pris et fouillé, on trouva dans l'une de ses poches cinq cent mille francs en or et en banknotes « destinés à acheter la trahison et à faire pratiquer l'embauchage. »

Dans ses intéressants mémoires qu'il vient de publier, lord Malmesbury, l'ancien ministre anglais, nous fait un curieux récit de cette équipée.

« *7 août 1840.* — La nouvelle est arrivée ce matin, écrit-il, que Louis Napoléon a débarqué à Boulogne avec cinquante compagnons. Pas un soldat ne s'étant joint à eux la tentative a complétement échoué et ils ont presque tous été pris. Ceci m'explique ce qu'il *m'avait dit deux jours auparavant.* Il était debout sur les marches de la maison de lady Blessington, après sa soirée, enveloppé dans son manteau, Persigny avec lui, et je leur avais fait remarquer qu'ils avaient l'air de deux conspirateurs. A quoi il avait répondu : « *Vous êtes plus près de la vérité que vous ne pensez.* »

« *8 août.* — La nouvelle de la folle tentative du prince Napoléon est confirmée. Il avait loué pour quinze jours un steamer de la Compagnie commerciale, s'était embarqué le 5 à Londres et avait débarqué, le jeudi 6, à Vimereux, près Boulogne, avec cinquante compagnons. Il est alors entré dans le camp pour essayer d'entraîner les soldats, mais l'officier de garde qui était du complot s'étant trouvé absent, il a échoué; la garde nationale a été appelée et les conspirateurs ont dû s'enfuir.

« Ils ont pris le bateau de sauvetage qui a chaviré et le prince s'étant cramponné à une bouée, non loin de la côte, a été repêché par des douaniers. Quelques-uns de ses compagnons se sont enfuis sur des chevaux dont ils s'étaient emparés, mais ils ont été poursuivis et pris pour la plupart. Plusieurs ont été tués par les soldats après s'être rendus. Le prince avait lancé une proclamation au peuple français dans laquelle il nommait le maréchal Clauzel commandant des troupes à Paris, le général Pajol et d'autres officiers et sous-officiers à des postes militaires et promettait beaucoup de récompenses. Depuis que je connais ce prince *je lui savais une idée fixe et dont rien ne pouvait le détourner : c'est qu'il gouvernerait la France un jour.* C'est la seule explication de ses tentatives répétées dans les circonstances les plus défavorables. »

A la forteresse de Ham. — Enfermé à la forteresse

de Ham pour y subir un emprisonnement perpétuel, à la suite de « cette conspiration d'opéra-comique » au moment même où les cendres de Napoléon Ier, ramenées de Sainte-Hélène, entraient triomphalement dans Paris, Louis Bonaparte eut pour compagnons de captivité le docteur Conneau qui, depuis, resta toujours fidèle à sa cause et le général Montholon. De sa prison, où le séjour lui fut rendu aussi doux que possible, il publia dans les journaux avancés, notamment dans le *Progrès du Pas-de-Calais* et le *Précurseur de l'Ouest*, de nombreux articles qui lui furent un prétexte à traiter certaines questions économiques. Il affectait, alors pour mieux surprendre la crédulité publique, de se montrer plus particulièrement préoccupé d'améliorations sociales.

« La République serait mon idéal, écrivait-il, mais j'ignore si la France est républicaine. Je vois dans son histoire les deux éléments monarchique et républicain exister et se développer simultanément. Si le pays m'appelle un jour, je lui obéirai. Je réunirai autour de mon nom plébéien tous ceux qui veulent la liberté et la gloire ; j'aiderai le peuple à rentrer dans ses droits, à trouver la formule gouvernementale des principes de la Révolution. »

Et, le 21 octobre 1843, dans le *Journal du Loiret* :

« J'avais une haute ambition, mais je pouvais l'avouer : l'ambition de réunir autour de mon nom populaire tous les partisans de la souveraineté du peuple, tous ceux qui voulaient la gloire et la liberté. »

C'est ainsi que, pendant ses années d'emprisonnement il réussit, par ses protestations philantropiques et républicaines, à se faire une quasi-popularité que n'avaient pu lui donner Strasbourg et Boulogne.

Louis-Bonaparte, d'ailleurs, à cette époque, affectait d'être un grand socialiste et un démocrate convaincu : — nous n'en voulons pour supplément de preuves — et de preuves curieuses, — que ces déclarations, ces professions de foi extraites de nombreux articles qu'il envoyait à profusion aux journaux qui voulaient bien les recevoir sans douter un seul instant de leur sincérité.

— « Convaincu que le gouvernement actuel faisait le malheur de la France, je me suis résolu à tout entreprendre pour le renverser, *bien décidé à laisser ensuite le peuple choisir la forme du gouvernement qui lui conviendrait le mieux. Le rôle de libérateur suffit à mon ambition.* »

(*Ham 1844.*)

» Les premiers besoins d'un pays sont *l'indépendance, la liberté, la stabilité, la suprématie du mérite* et l'aisance également répandues.

— » Le meilleur gouvernement sera celui où tout abus du pouvoir pourra toujours être corrigé, où *sans bouleversement social, sans effusion de sang*, on pourra changer les lois et le chef de l'Etat ; car une génération ne peut assujettir à ses lois une génération future. »

(*Rêveries politiques.*)

— « Tous les hommes qui se sentent animés de l'amour de leurs semblables réclament pour qu'on rende enfin justice à la classe ouvrière qui semble déshéritée de tous les biens que procure la civilisation. Aujourd'hui la rétribution du travail est abandonnée au hasard ou à la violence. C'est le maitre qui opprime ou l'ouvrier qui se révolte.

» La pauvreté ne sera plus séditieuse lorsque l'opulence ne sera plus oppressive.

— » Je vous le dis en bon français : notre ennemi c'est notre maître. »

(*Extinction du paupérisme.*)

— « Qu'on ne sépare pas l'honneur des intérêts matériels. Qu'on ne bâtisse pas de faux systèmes de prospérité commerciale sur la ruine d'une industrie florissante et nationale ! »

(*La question des sucres.*)

— » *Les peuples ne devraient jamais se fier aux princes qui, pour monter sur le trône, ont besoin de tranquilliser les esprits par leurs déclarations et de flatter les partis par leurs promesses.* »

(*Fragments historiques.*)

— « *La France vous demandera compte des hommes morts glorieusement, mais sans nécessité, dans toutes vos expéditions stériles. L'humanité flétrit et condamne ces guerres immorales qui font tuer les hommes dans le seul but d'influencer l'opinion publique, et de soutenir, par quelques expédients, un pouvoir toujours dans l'embarras.* »

(*Progrès du Pas-de-Calais, 5 novembre 1844.*)

— « *Rallions-nous autour de la République*, et donnons au monde ce grand spectacle d'un peuple qui se régénère. »

(*11 juin 1848.*)

« Tout acte arbitraire contre un homme, hors des cas et sans les formes que la loi détermine, est tyrannique : celui contre lequel on voudrait l'exécuter par la violence a le droit de la repousser par la force. »

(*Octobre 1848.*)

« Pour que l'aisance se répande dans toutes les classes il faut que non seulement les impôts soient diminués, mais encore que le gouvernement ait un aspect de stabilité qui tranquillise les citoyens et permette de compter sur l'avenir. »

(*Rêveries politiques.*)

— « Jamais je n'ai cru et jamais je ne croirai que la France soit l'apanage d'un homme ou d'une famille. »

(*Journal du Loiret, octobre 1843.*)

Lord Malmesbury, que nous citions tout à l'heure, raconte en ces termes la visite qu'il fit à Louis-Bonaparte, pendant sa détention au fort de Ham. Ses révélations sont particulièrement caractéristiques :

— « *26 avril 1845.* — Je reviens du château de Ham, sur la Somme, où j'avais été voir le prince Louis-Napoléon qui est prisonnier depuis 1840. Au début de janvier dernier, il m'avait envoyé à Londres M. Ornano, pour me prier de l'aller voir au sujet d'une affaire de la plus grande importance, pour lui.

» J'en avais été empêché alors et, ayant obtenu, non sans peine, de M. Guizot, une permission pour voir le prince, je suis parti pour Ham le 20 avril. Je l'ai trouvé peu changé par les cinq années de captivité et très heureux de voir un vieil ami arrivant du monde extérieur et surtout de Londres.

» Je n'avais qu'une demi-journée à donner à cette entrevue. Il m'avoua que sans avoir rien perdu de sa confiance et de son courage il était las de sa prison d'où il ne voyait aucune possibilité de s'évader, *croyant que le gouvernement lui en fournissait des occasions, afin qu'on pût tirer sur lui pendant sa fuite.*

» Il me dit qu'une députation était venue de l'Equateur pour lui offrir la présidence de cette République si Louis-Philippe voulait le mettre en liberté, auquel cas il donnerait sa parole de ne jamais revenir en Europe.

» Il m'avait donc appelé comme ami et partisan de Sir Robert Peel, notre premier ministre, pour me prier de faire intercéder en sa faveur auprès de Louis-Philippe, protestant de toutes les garanties possibles de sa bonne foi. Je promis au prince d'agir de mon mieux, mais j'ajoutai que je ne pensais pas pouvoir convaincre Lord Aberdeen alors aux affaires étrangères.

» A cette époque le prince Louis était fort occupé à écrire une *histoire de l'artillerie* et il passa une heure à me faire expliquer le sens de plusieurs mots techniques anglais qu'il voulait traduire. Il me fit le récit complet de son échec de Boulogne dont la cause unique était, selon lui, la maladie subite de l'officier de garde qui devait lui livrer le camp. La plupart des soldats avaient été gagnés et le prestige de son nom était universel dans l'armée française. Il m'assura que les lanciers qui l'avaient escorté à Ham lui avaient donné des marques de sympathies tout le long de la route. Puis il me dit :

— » Regardez ce factionnaire sous mes fenêtres. Je ne sais pas s'il est à moi ou non ; s'il l'est il croisera les bras sur un signe que je vais faire. » Il alla à la fenêtre et caressa sa moustache, mais il n'eut de réponse qu'après que le factionnaire eut été relevé trois fois. Le troisième soldat répondit en effet en croisant le bras sur son fusil. Le prince reprit alors :

— » Vous voyez que je ne connais pas mes partisans, pas plus qu'ils ne me connaissent. Ma force est dans mon nom immortel et pas dans autre chose. *Moi j'ai attendu assez longtemps, je ne puis plus endurer la prison.* »

» Au bout de trois heures, je le quittai très frappé de sa calme résolution ou plutôt de sa philosophie, *mais ayant peu de confiance dans son renoncement au trône de France* ».

Après six années de captivité le prisonnier parvenait à s'évader et les détails de cette évasion sont restés légendaires.

Il avait habilement fait répandre le bruit qu'il allait bénéficier d'une amnistie prochaine, espérant ainsi que le gouverneur de la forteresse exercerait sur lui une surveillance moins active. Mais plus que toute autre chose, une circonstance fortuite servit ses projets.

Des réparations ayant été jugées nécessaires, on fit entrer des ouvriers dans le château. Or, en ce moment, les cinq années d'emprisonnement du docteur Conneau venaient d'expirer, ce qui le rendait légalement libre. Il pouvait alors, ainsi que Thelin, valet de chambre du prince, aller en ville quand il lui plaisait.

Ces deux personnes purent ainsi préparer à l'extérieur tous les moyens de faciliter la fuite. Il fut décidé que Thelin demanderait l'autorisation de se rendre à Saint-Quentin et Louis-Bonaparte devait le suivre au moment où il sortirait du fort comme pour aller louer un cabriolet.

On décida que l'évasion aurait lieu le matin, parceque, pendant cette partie du jour, les surveillants ne faisaient nulle attention aux ouvriers qui, prenant la route directe de la porte extérieure, allaient et venaient chercher des outils et des matériaux, tandis que le soir, au contraire, ils étaient, à leur sortie, examinés un à un par le gouverneur de la forteresse.

Le 25 mai 1846 les ouvriers arrivent et subissent l'inspection accoutumée. Le prisonnier coupe ses moustaches, prend un poignard, passe sur ses vêtements ordinaires une blouse et un gros pantalon qu'il avait emprunté à un maçon nommé *Badinguet*, se ceint la taille d'un vieux tablier de toile bleu, se couvre la tête d'une longue perruque à cheveux noirs et longs sur lesquels il enfonce une casquette, chausse des sabots, met un « brûle-gueule » à sa bouche et, l'épaule chargée d'une planche, il se dirige vers la porte.

Pendant ce temps le docteur Conneau, pour détourner l'attention des ouvriers, les retenait près de lui « en leur faisant prendre le coup du matin. » — Grâce à la planche, Louis-Bonaparte parvient à cacher sa figure aux soldats qu'il rencontre et, suivi de Thelin, franchit sans encombre la porte extérieure.

Aux abords de la forteresse, M. Souplet, rédacteur en chef du *Guetteur de Saint-Quentin*, attendait avec son cabriolet qui reçut l'évadé et le conduisit, brûlant le pavé, jusqu'à Saint-Quentin, où, de là, il gagna Valenciennes, la Belgique et, deux jours après, l'Angleterre, arrivant à Londres, où, provisoirement, il fixa son séjour.

Que devint, plus tard, Badinguet ?

Comme Fialin changea-t-il de nom et, grâce à ce baptême nouveau, fut-il préfet, majordome, chambellan ou sénateur ? Vint-il, simplement, grossir le nombre des mendiants entretenus avec nos deniers sur ce qu'on appela si plaisamment la cassette particulière ? Nous l'ignorons.

Toujours est-il que le peuple ne se montra pas ingrat: confondant, en effet, le faux et le vrai goujat dans une admiration commune, voulant que le nom de *Badinguet* ne disparût pas, il en fit don à Louis-Napoléon qu'il n'appela plus autrement que Badinguet.

Quand fut proclamée la République en France, le 22 février 1848, Louis Bonaparte partit secrètement de Londres et se tint caché à Paris, chez M. Vieillard. Le 25 du même mois, il adressait au gouvernement provisoire, la lettre suivante :

« — Messieurs, le peuple de Paris ayant détruit par son héroïsme les derniers vestiges de l'invasion étrangère, j'accours de l'exil pour me ranger sous le drapeau de la République qu'on vient de proclamer. Sans autre ambition que celle de servir mon pays, je viens annoncer mon arrivée aux membres du gouvernement provisoire et les assurer de mon dévouement à la cause qu'ils représentent. »

Craignant, non sans raison, les intrigues du prince, le gouvernement provisoire l'engagea à repartir et, le 26, à quatre heures du matin, il retournait en Angleterre après avoir fait cette protestation hypocrite :

« Vous pensez que ma présence à Paris est maintenant un sujet d'embarras. Je m'éloigne donc momentanément. *Vous verrez, dans ce sacrifice, la* PURETÉ *de mes intentions et de mon patriotisme* »

De Londres, la propagande se continua plus active que jamais.

Elu député à Paris, le cinquième sur six représentants, par 84,420 voix, il remerciait ses électeurs en ces termes :

« — Vos suffrages me pénètrent de reconnaissance. Votre confiance m'impose des devoirs que je saurai remplir ; nos intérêts, nos sentiments, nos vœux, sont les mêmes... *Rallions-nous donc autour de l'autel de la Patrie*, sous le drapeau de la République. »

Mais l'agitation populaire produite par les Bonapartistes, dont l'un des organes, le *Napoléonien*, posait nettement la candidature du prince Louis à la Présidence de la République, la propagande faite par quelques ouvriers socialistes pour pousser leurs camarades à se rallier à la cause du représentant de l'Empire, parurent à la commission exécutive offrir un danger réel pour la cause de la liberté. Aussi le 12 juin, M. de Lamartine demandait-il à l'Assemblée d'appliquer à Louis Bonaparte la loi de bannissement de 1832.

A la suite d'une longue discussion, l'Assemblée se prononça contre cette proposition en validant l'élection du nouveau député.

Pendant cette discussion, des groupes de bonapartistes réunis autour de l'Assemblée, avaient poussé les cris de : Vive l'empereur ! et même des coups de feu étaient partis des rassemblements.

Le lendemain, Louis Bonaparte écrivit aux représentants du peuple une lettre dans laquelle cette phrase fut plus particulièrement remarquée :

« *Si le peuple m'imposait des devoirs, je saurais les remplir.* »

Ces mots soulevèrent une protestation énergique et le général Cavaignac demanda qu'on déclarât « à l'instant le citoyen Bonaparte déchu de ses droits politiques. Mais la discussion fut remise et « ledit citoyen Bonaparte » reconnaissant son imprudence, adressa sa démission à l'Assemblée « en protestant de la pureté de ses intentions. »

Quelques jours après éclatait l'insurrection de juin et Bonaparte rentrait en scène.

Réélu le 17 septembre il alla siéger à l'Assemblée. Son élection ayant été validée, il crut devoir prononcer une petite allocution aussi emphatique qu'hypocrite et dans laquelle, entre autres mensonges, il n'hésitait pas à dire :

« — Après trente-trois ans de proscription et d'exil, je retrouve enfin ma patrie et tous mes droits de citoyen ! *La République m'a fait ce bonheur ! Que la République reçoive* MON SERMENT DE RECONNAISSANCE, MON SERMENT DE DÉVOUEMENT. Ma conduite toujours inspirée par le devoir, toujours animée par le respect de la loi, ma conduite prouvera, à l'encontre des passions qui ont essayé de me noircir pour essayer de me proscrire encore, que nul ici, plus que moi, n'est résolu à SE DÉVOUER A LA DÉFENSE DE L'ORDRE, A L'AFFERMISSEMENT DE LA RÉPUBLIQUE. »

Et quelques jours après, l'Assemblée abrogeait la loi de 1832 qui bannissait la famille Bonaparte !

Nommerait-on un Président de la République ? Telle fut la question qui divisa l'Assemblée.

Les monarchistes acceptaient sans difficultés la présidence ; les uns, pour s'éloigner le moins possible de leurs habitudes ; les autres, dans l'espoir qu'il serait aisé, au jour propice, de retourner de la présidence à la royauté. La plupart des républicains désiraient un Président, par imitation de la constitution des Etats-Unis.

Un petit nombre redoutait pour la France cette situation trop haute, semblable à celle d'un roi constitutionnel et craignait les tentations qui en résulteraient, peut-être, pour quelque président ambitieux et peu scrupuleux.

Parmi ces républicains prévoyants se trouvait M. Grévy — aujourd'hui président réélu de la République française — qui proposa cet amendement célèbre :

— Art. 41. L'Assemblée nationale délègue le pouvoir exécutif à un citoyen qui reçoit le titre de *président du Conseil des ministres*.

— Art. 43. — Le président du Conseil des ministres est nommé par l'Assemblée nationale au scrutin secret et à la majorité des suffrages.

... Art. 45. — Le président du Conseil est élu pour un temps illimité, il est toujours révocable.

Puis M. Grévy développa sa pensée dans un discours énergiquement éloquent ; on y remarqua surtout ce passage dont un avenir trop prochain devait faire une prophétie :

— « Etes-vous bien sûrs que dans cette série de personnages qui se succéderont au titre de la Présidence, il n'y aura que de purs républicains prêts à en descendre ? Etes-vous sûrs qu'il ne se trouvera jamais un ambitieux tenté de s'y perpétuer ? — surtout si cet ambitieux est le rejeton d'une de ces familles qui ont régné en France ! S'il n'a jamais renoncé à ses droits, si le commerce languit, si le peuple souffre, s'il est dans un de ces moments de de crise où la misère et la déception le livrent à ceux qui masquent sous des promesses leurs projets contre la liberté, répondrez vous que cet ambitieux ne parviendra pas à renverser la République ? »

Cet amendement — contre lequel, cela va sans dire, vota Louis Bonaparte, — fut repoussé par 643 voix contre 158.

C'est le 10 décembre 1848 que le scrutin fut ouvert pour la nomination du Président de la République.

Louis Bonaparte obtint 5,434,226 voix ; — Cavaignac, 1,448,107 ; Ledru-Rollin, 370,719 : — Raspail, 36,329 ; — Lamartine, 7,910.

Dix jours après avait lieu à l'Assemblée Nationale une scène saisissante.

Ce jour-là, à quatre heures, le représentant Waldeck-Rousseau donnait lecture du rapport sur l'élection présidentielle et le général Cavaignac déposait ensuite ses pouvoirs entre les mains de l'Assemblée. Puis le président Marrast proclama le résultat du scrutin.

Les représentants qui encombraient le couloir de droite remontèrent alors à leurs places et laissèrent le passage libre.

Il était environ quatre heures du soir.

La nuit tombait, l'immense salle de l'Assemblée était plongée à demi dans l'ombre, les lustres descendaient des plafonds et les huissiers venaient d'apporter les lampes sur la tribune.

Le président fit signe et la porte de droite s'ouvrit.

On vit alors entrer dans la salle et monter rapidement à la tribune un homme jeune encore, vêtu de noir, ayant sur l'habit la plaque et le grand cordon de la Légion-d'honneur.

Toutes les têtes se tournèrent vers cet homme.

Un visage blême dont les lampes à abat-jour faisaient saillir les angles osseux et amaigris, un nez gros et long, des moustaches et une mèche frisée sur un front étroit, l'œil petit et sans clarté, l'attitude timide, inquiète, c'était l'aspect du citoyen Louis Bonaparte.

Pendant l'espèce de rumeur qui suivit son entrée, il resta quelques instants la main droite dans son habit boutonné, debout et immobile sur la tribune dont le frontispice portait cette date : 22, 23, 24 février, et au-dessus de laquelle on lisait ces trois mots: *Liberté, Égalité, Fraternité.*

Enfin le silence se fit : le président de l'Assemblée frappa quelques coups de son couteau de bois sur la table, les dernières rumeurs s'éteignirent et le président de l'Assemblée dit :

— « Je vais lire la formule du serment. »

« En présence de Dieu, et devant le peuple français, *je jure de rester fidèle à la République démocratique et de défendre la Constitution.* »

Louis Bonaparte, pâle, l'œil baissé, étendit le bras et répondit d'une voix légèrement voilée:

— « Je le jure ! »

Une émotion profonde s'empara de tous les cœurs lorsque le président de l'Assemblée nationale ajouta d'une voix plus solennelle :

— « Je prends Dieu à témoin du serment qui vient d'être prêté ! »

Louis Bonaparte est, désormais, président de la République jusqu'au deuxième dimanche de mai 1852. L'Assemblée attend ses premières paroles ; il tire un papier de sa poche et lit une déclaration dont les passages les plus saillants sont les suivants :

— « Le suffrage de la nation, le serment que je viens de prêter commandent ma conduite future et me tracent mes devoirs. *Je regarderais comme ennemis de la patrie tous ceux qui tenteraient par des voies illégales de changer la forme du gouvernement que vous avez établie.* Entre vous et moi il ne peut y avoir de dissentiment. Notre gouvernement ne sera ni utopiste ni réactionnaire. Nous ferons le bonheur du pays et nous espérons que, Dieu aidant, si nous ne faisons de grandes choses nous tâcherons d'en faire de bonnes. »

On sait comment devaient être réalisées toutes ces promesses !

Un de ses premiers actes fut de faire des avances au parti clérical et d'envoyer en Italie une armée commandée par le général Oudinot. Malgré la résistance de Garibaldi, Rome fut prise et le pape qui en avait été chassé par les Italiens put rentrer dans la « Ville Éternelle » (1849).

Se tenant aux aguets il cherchait à profiter des moindres fautes de l'Assemblée.

L'occasion se présenta.

Le 31 mai 1850, « pour sauver l'ordre social menacé », l'Assemblée mutilait le suffrage universel en exigeant des électeurs deux ans de domicile dans la ville où ils devaient voter.

On prétendait ainsi écarter du scrutin la population flottante ; on déclarait, ainsi, qu'il existait des vagabonds dont le vote ne pouvait être compté à l'égal de celui des citoyens honnêtes. Au fond, ceux qui soutenaient cette théorie ne désiraient qu'une chose : éloigner des urnes une grande partie de la population ouvrière et changer, au profit d'une restauration monarchique, le résultat des élections futures.

Aussi, pour se concilier le peuple, Louis Bonaparte, dans la séance du 13 novembre 1850, demandait-il énergiquement l'abolition de cette loi restrictive du 31 mai.

L'Assemblée refusa.

Dès ce moment le Coup d'État fut résolu.

Depuis longtemps d'ailleurs, — nous le savons, — il caressait ce projet sinistre qui devait ensanglanter la France, l'avilir ou, tout au moins la démoraliser.

A ce propos, une anecdote peu connue qu'aimait à rappeler un célèbre ministre anglais.

— « Après déjeuner, — racontait-il — alors qu'il n'était encore que Président de la République, il me conduisit en voiture visiter les harras de Saint-Cloud : c'était le 20 avril 1850. Parmi les chevaux se trouvait un magnifique alezan que le palefrenier fit sortir pour le montrer. Après l'avoir beaucoup admiré le président ordonna à cet homme de l'amener à Paris, dans ses écuries.

— « Je ne peux pas, répondit-il, ce cheval est la propriété de l'État. »

» Lorsque nous fûmes remontés dans le phaëton, Louis Bonaparte me dit :

— « *Vous voyez ma position : il est temps d'en finir ?* »

» En route, il ne me fit pas mystère de son intention de devancer ses adversaires, et il était facile de deviner les moyens qu'il comptait employer. »

Tout d'abord, Louis Bonaparte s'assura du concours de l'armée, puis, lorsqu'il put absolument compter sur son dévouement, c'est-à-dire sur le dévouement des chefs auxquels les soldats devaient obéir passivement, il fit afficher, pendant la nuit, un décret mis au bas d'un long appel au peuple et ainsi conçu :

« Au nom du peuple français,

» L'Assemblée nationale est dissoute !
» Le suffrage universel est rétabli.
» La loi du 31 mai est abrogée.
» Le peuple français est convoqué dans ses Comices à partir du 14 décembre jusqu'au 21 décembre.
» L'état de siège est décrété dans toute l'étendue de la première division militaire.
» Je soumets à vos suffrages les bases suivantes de cette Constitution :
» Un chef responsable nommé pour dix ans.
» Des ministres dépendant du Pouvoir exécutif.

. . . .

« Si vous croyez que la France régénérée par la Révolution de

89 et réorganisée par l'empereur est toujours la vôtre, proclamez-le en consacrant les pouvoirs que je vous demande.

» Si vous partagez ma conviction qu'à ce prix seul est le repos de la France, déclarez-le par vos suffrages ; si vous préférez un autre gouvernement sans force, monarchique ou républicain répondez négativement.

» Ainsi donc, pour la première fois, depuis 1800, vous voterez en connaissance de cause, en sachant bien pour qui et pour quoi.

» Si je n'obtiens pas la majorité de vos suffrages, alors, je provoquerai une nouvelle assemblée et je lui remettrai le reçu du mandat que j'ai de vous.

CHAPITRE II

LE COUP D'ÉTAT.   LE MARIAGE

E 20 décembre 1848, quand il fut élu Président de la République française, Louis Bonaparte avait juré de « *rester fidèle à la République une et indivisible et de remplir tous les devoirs que lui imposait la Constitution.* » Puis, et comme pour mieux affirmer son serment, il avait lu cette déclaration que nous connaissons :

» Je regarderais *comme ennemis de la Patrie* tous ceux qui tenteraient par des *voies illégales de changer la forme de gouvernement* que vous avez établie. »

Trois ans plus tard, dans la nuit du 1ᵉʳ au 2 décembre — Bonaparte accompagné de MM. de Morny, Maupas et de Saint-Arnaud, rentrait à l'Elysée, pénétrait dans son cabinet de travail, et ouvrant un tiroir secret de son bureau avec la petite clef qu'il portait toujours attachée à la chaîne de sa montre, en sortait trois paquets cachetés destinés aux trois sinistres personnages qui l'avaient suivi.

Il donna le premier à M. de Morny; ce paquet contenait 500,000 fr. et la nomination de ministre de l'intérieur.

Le deuxième fut remis à M. de Maupas ; il renfermait la liste des représentants, chefs de parti et journalistes qu'il fallait arrêter, plus 500,000 francs.

Le troisième paquet, un peu plus volumineux que les autres fut remis au général Saint-Arnaud ; il contenait deux millions dont 500,000 fr., pour le Ministre de la guerre et le reste pour être distribué suivant un état annexé qui englobait tous les grades.

Les généraux de division devaient recevoir 10,000 fr.; les généraux de brigade, 6,000 fr. ; les colonels, 2,000 fr. et ainsi de suite, jusqu'aux caporaux et soldats qui devaient toujours recevoir 10 fr. et 5 fr. Ces sommes étaient offertes autant comme gratification que comme indemnité au cas où la lutte se prolongerait ; elles étaient prises sur les 5,000,000 fr. que le Président avait obligé la Banque de France de lui avancer moyennant qu'elle aurait le droit d'augmenter son capital de 600 millions.

Aussi, un témoin pût-il affirmer « qu'au plus fort du massacre les officiers cassaient des rouleaux de louis comme des bâtons de chocolat. »

Cette triple distribution faite, Louis Bonaparte ordonna qu'on le laissât seul.

De minute en minute, cependant, la porte du cabinet s'entrebâillait et la tête grise du général Roguet, son aide-de-camp, apparaissait.

Il n'était permis qu'à lui d'ouvrir cette porte et d'entrer. « Le général apportait les nouvelles et terminait quelquefois par ces mots : « cela ne va pas. »

Quand il avait fini Louis Bonaparte accoudé sur une table, assis, les pieds sur les chenêts devant un grand feu, tournait à demi la tête sur le dossier de son fauteuil et de son inflexion de voix la plus flegmatique, sans émotion apparente, répondait invariablement ces quatre mots. « *Qu'on exécute mes ordres.* »

La dernière fois que le général entra de la sorte, avec de mauvaises nouvelles, il était près d'une heure. — Il informa le prince que les barricades dans les rues du centre tenaient bon et se multipliaient ; que sur les boulevards les cris : A bas le dictateur, et les sifflets éclataient partout sur le passage des troupes.

Louis Bonaparte se leva à demi sur son fauteuil et dit avec calme au général, en le regardant fixement :

— « Eh bien qu'on dise à Saint-Arnaud d'exécuter mes ordres. »

Mais qu'avait donc ordonné Bonaparte !

De massacrer le Peuple !

« Pour mieux organiser ce massacre, dès le matin du 1er décembre — écrit Victor Hugo dont nous reproduirons le dramatique récit, — des affiches avaient été collées à tous les coins de rue ; elles annonçaient que les attroupements, de quelque nature qu'il fussent, seraient dispersés par la force, *sans sommation*. A Paris, ville centrale de la civilisation on croit difficilement qu'un homme ira jusqu'à l'extrémité de son crime et l'on n'avait vu dans ces affiches qu'un procédé d'intimidation hideux, sauvage, mais presque ridicule.

« On se trompait.

« Ces affiches contenaient en germe le plan même de Louis Bonaparte, et ce plan devait être exécuté.

« Dans cette nuit du 1er au 2 décembre une fois minuit sonné, un quart d'heure après le dernier ordre donné au général Roguet, les boulevards, dans toute leur longueur depuis la Madeleine s'étaient subitement couverts de cavalerie et d'infanterie. La division Carselet presque entière, composée des cinq brigades de Cotte, Bourgon, Canrobert, Dulac et Reybell, et présentant un effectif de 16,410 hommes avait pris position et s'était échelonnée depuis la rue de la Paix jusqu'au faubourg Poissonnière.

« Chaque brigade avait avec elle sa batterie.

« Rien que sur le boulevard Poissonnière on comptait onze pièces de canon.

« Deux qui se tournaient le dos avaient été braquées, l'une à l'entrée de la rue Montmartre, l'autre à l'entrée du faubourg Montmartre sans qu'on pût deviner pourquoi, la rue et le faubourg n'offrant même pas l'apparence d'une barricade. Les curieux entassés sur les trottoirs et aux fenêtres contemplaient avec stupeur cet encombrement d'affûts, de sabres et de baïonnettes.

— « Les troupes causaient et riaient » — dit un témoin.
— « Un autre témoin affirme que : « Les soldats avaient un air étrange ! » — La plupart, la crosse en terre, s'ap-

puyaient sur leurs fusils et semblaient à demi chancelants de lassitude,... ou « d'autre chose! » Un de ces vieux officiers qui ont l'habitude de regarder dans le fond des yeux du soldat, le général L..., murmura en passant devant le café Frascati : « Ils sont ivres! »

« Des symptômes se manifestaient.

« A un moment donné, la foule cria à la troupe :

« — « Vive la République! à bas Louis Bonaparte! »

« On entendit alors un officier dire à demi-voix :

« — « *Ceci va tourner à la charcuterie!* »

« Le jour était levé depuis longtemps. Un bataillon d'infanterie débouche par la rue Richelieu. Devant le café Cardinal, il est accueilli par le cri unanime de : « Vive la République! » Au même moment arrivait à la hauteur de la rue Taitbout le 1ᵉʳ lanciers commandé par le colonel Rochefort : De nombreux groupes couvraient l'asphalte du boulevard. C'étaient des habitants du quartier, des négociants, des artistes, des journalistes et parmi eux quelques femmes tenant de jeunes enfants par la main.

« Au passage du régiment, hommes, femmes, tous crièrent : « Vive la Constitution! Vive la loi! Vive la République! »

« Le colonel Rochefort lance alors son cheval au milieu de l'un des groupes, à travers les chaises du trottoir; les lanciers se ruent à sa suite et, hommes, femmes et enfants, tout est sabré. « Bon nombre d'entre eux restèrent sur la place, » écrit un apologiste du coup d'État, lequel ajoute : « *ce fut l'affaire d'un instant!* »

« Vers deux heures, on braquait deux obusiers à l'extrémité du boulevard Poissonnière, à cent cinquante pas de la petite barricade lunette du poste Bonne-Nouvelle. En mettant ces pièces en batterie, les soldats du train, peu accoutumés pourtant à de fausses manœuvres, brisèrent le timon d'un caisson.

« — « *Vous voyez bien qu'ils sont saouls!* » — cria un homme du peuple.

« A deux heures et demie, — car il faut suivre minute à minute, pas à pas, ce drame hideux, — le feu s'ouvrit devant la barricade, mollement et comme avec distraction. Le premier coup de canon, mal ajusté, passa par-dessus toutes les barricades. Le projectile alla tuer, au Château-d'Eau, un jeune garçon qui puisait de l'eau dans le bassin.

« Les boutiques s'étaient fermées et presque toutes les fenêtres. Une croisée, pourtant, était restée ouverte à un étage supérieur de la maison qui fait l'angle de la rue du Sentier. Les curieux continuaient d'affluer. C'était de la foule et rien de plus, hommes, femmes, enfants, vieillards, à laquelle la barricade peu attaquée, peu défendue, faisait l'effet de la petite guerre.

« Cette barricade était un spectacle, en attendant qu'elle devînt un prétexte.

« Il y avait un quart d'heure environ que la troupe tiraillait et que la barricade ripostait, sans qu'il y eût un blessé de part ni d'autre quand, tout à coup, comme par une commotion électrique, un mouvement extraordinaire se fit dans l'infanterie d'abord, puis dans la cavalerie.

« La troupe changea subitement de front : cavalerie,

infanterie, artillerie firent front à la foule massée sur les trottoirs et, sans qu'on pût deviner pourquoi, sans motif, « *sans sommation,* » comme l'avaient déclaré les infâmes affiches du matin, l'armée se mit à fusiller le peuple à bout portant.

« Ce fut un moment sinistre, une heure inexprimable; les cris, la surprise, l'épouvante, la foule fuyant dans toutes les directions, une grêle de balles pleuvant et remontant depuis les pavés jusqu'aux toits, en une minute les morts jonchant la chaussée, des jeunes gens tombant le cigare à la bouche, des femmes tuées raide par les biscaïens, deux libraires arquebusés au seuil de leurs boutiques sans savoir ce qu'on leur voulait, des coups de fusils tirés par les soupiraux des caves et y tuant n'importe qui, le bazar criblé d'obus et de boulets, l'hôtel Sallandrouze, bombardé, la Maison d'or, mitraillée, Tortoni pris d'assaut, des centaines de cadavres sur le boulevard, un ruisseau de sang rue de Richelieu.

« A l'entrée de la rue Montmartre, jusqu'à la fontaine, — l'espace de soixante pas, — il y avait soixante cadavres, hommes, femmes, enfants, jeunes filles. Tous ces malheureux étaient tombés victimes des premiers coups de feu tirés par la troupe et par la gendarmerie, placées en face, sur l'autre côté des boulevards.

« Tout cela fuyait aux premières détonations, faisait encore quelques pas, puis enfin s'affaissait pour ne plus se relever.

« Un jeune homme s'était réfugié dans le cadre d'une porte cochère et s'abritait sous la saillie du mur, du

côté des boulevards. Il servait de cible aux soldats. Après dix minutes de coups maladroits, il fut atteint malgré tous ses efforts pour s'amincir en s'élevant et on le vit s'affaisser aussi pour ne plus se relever.

« — Qu'on exécute mes ordres! avait dit Louis Bonaparte.

« Cette première exécution dura jusqu'à la nuit tombante.

« Ce fut sur les boulevards comme une orgie de mousqueterie et d'artillerie. La canonnade et les feux de peloton se croisaient au hasard ; à un certain moment, les soldats s'entre-tuaient. La batterie du 6e régiment d'artillerie, qui faisait partie de la brigade Canrobert, fut démontée ; les chevaux, se cabrant au milieu des balles, brisèrent les avant-trains, les roues et les timons et, de toute la batterie, en moins d'une minute il ne resta qu'une seule pièce qui pût rouler. Un escadron entier du 1er lanciers fut obligé de se réfugier dans un hangar, rue Saint-Fiacre. On compta le lendemain, dans les flammes des lances, soixante-dix trous de balles. La furie avait pris les soldats. Au coin de la rue Rougemont, au milieu de la fumée, un général agitait les bras comme pour retenir les troupes qui n'avaient plus conscience d'elles-mêmes. Le sang est une sorte de vin horrible, le massacre enivre.

« Des jeux effroyables se mêlaient au carnage. Les tirailleurs de Vincennes s'étaient établis sur une des barricades du boulevard qu'ils avaient prise à la baïonnette, et, de là, ils s'exerçaient au tir sur les passants éloignés.

« On entendait des maisons voisines ces dialogues hideux.

— « Je gage que je descends celui-ci ! »

— « Je parie que non ! »

— « Je parie que si ! »

« Et le coup partait. Quand l'homme tombait, cela se devinait à un éclat de rire. Lorsqu'une femme passait :

— « Tirez à la femme ! » criaient les officiers : c'était là un des mots d'ordre.

« Un vieillard de quatre-vingts ans, trouvé blotti on ne sait où, fut amené devant le perron du *Prophète* et fusillé. Il tomba.

— « Il ne se fera pas de bosse à la tête, » — dit un soldat.

« Il s'était affaissé sur un monceau de cadavres.

« Deux jeunes gens d'Issy, mariés depuis un mois et ayant épousé les deux sœurs, traversaient le boulevard, voulant paisiblement rentrer chez eux. Ils se virent couchés en joue. Ils se jetèrent à genoux, ils criaient : « Nous avons épousé les deux sœurs ! » — On les tua.

« Un marchand de coco nommé Robert s'enfuyait, sa fontaine sur le dos. On le tua.

« Un enfant de treize ans, apprenti sellier, passait devant le café Vachette ; on l'ajusta. Il pousse des cris désespérés ; il tenait à la main une bride de cheval, il l'agitait en disant : « Je fais une commission. » On le tua.

« Tout le long du boulevard, on entendait les hurlements et les soubresauts des blessés que les soldats lardaient à coups de baïonnette et laissaient là sans même les achever.

« Le premier qui fut tué dans cette boucherie,—l'histoire garde le nom du premier massacré de la Saint-Barthélemy, — s'appelait Théodore Debaecque et demeurait dans la maison du coin de la rue du Sentier, par laquelle le carnage commença.

« La tuerie terminée, — c'est-à-dire à la nuit noire, on avait commencé en plein jour, — on n'enleva pas les cadavres. Ils étaient tellement pressés que devant une seule boutique, par exemple la boutique de Barbedienne, on en compta trente-trois. Chaque carré de terre découpé dans l'asphalte, au pied des arbres du boulevard, était une mare de sang. « Les morts, dit un témoin, étaient entassés en monceaux, les uns sur les autres, vieillards et enfants, blouses et paletots réunis dans un indescriptible pêle-mêle, têtes, bras, jambes confondus. »

« Le lendemain, 3 décembre, le carnage continua. Sous l'influence de quelques républicains, la résistance avait été organisée dans certains quartiers du centre et semblable tentative avait été faite dans le faubourg Saint-Antoine, par un groupe de « représentants du peuple, » parmi lesquels Victor Schœlcher et le docteur Charles Baudin.

« Comme ce dernier cherchait à entraîner les ouvriers au combat.

« — Croyez-vous, leur dit un de ceux-ci, que nous allons nous faire tuer pour vous conserver vos vingt-cinq francs ?

— « Vous allez voir, répondit Baudin, comment on meurt pour vingt-cinq francs ! »

« — A cet instant arrivait une colonne de soldats ; plusieurs représentants s'avancèrent au-devant d'eux cherchant à les rappeler au respect de la loi. — Au même moment un coup de feu se faisait entendre. Les républicains restés pour défendre la barricade construite un peu en arrière, crurent que la troupe engageait le combat. — Un d'entr'eux tira et tua un soldat. La troupe surexcitée riposta par une décharge générale. Baudin, alors debout sur la barricade, tomba frappé de trois balles à la tête. — Mais, hélas ! sa mort héroïque, patriotique, ne servit pas plus que n'avaient servi ses paroles : l'infanterie passa sans résistance.

« Ce ne fut pas là, cependant, le sanglant épilogue de ce drame horrible. Le 4, en effet, les divisions Reybell et Canrobert occupaient encore les boulevards, les fusils s'abaissant et exécutant des feux continus, « toujours sans roulements de tambours, sans sommation. » Tout citoyen pris les armes à la main était fusillé. Tel était l'ordre formel et affiché de Saint-Arnaud, ministre de la guerre. « Tout individu pris construisant ou défendant une barricade, ou les armes à la main, *sera fusillé.* »

« Ce jour-là mourait Denis Dussoubs sur la barricade de la rue des Petits-Carreaux.

« Son frère, Martial Dussoubs, était un des plus vaillants membres de la Gauche. Il était représentant de la Haute-Vienne. Dans les premiers temps de sa présence à l'Assemblée, il portait, comme autrefois Théophile Gautier, un gilet rouge, et le frisson que donnait aux classiques de 1830 le gilet de Gautier, le gilet de Dussoubs le donnait aux Bonapartistes de 1851.

« Le gilet rouge de Dussoubs terrifiait M. Parisis, évêque de Langres, auquel le chapeau rouge n'eût pas fait peur. Une autre cause d'horreur pour la Droite, c'est que Dussoubs avait, disait-on, passé trois ans à Belle-Isle, comme détenu politique. La Droite se trompait. Le condamné de Limoges était, non Martial Dussoubs, mais Denis, son frère. En somme, Martial Dussoubs « effrayait ». Il était spirituel, courageux et doux.

« Le 2 Décembre, il était malade et avait dû rester couché, cloué par un rhumatisme articulaire. Le matin du 4, son frère Denis vint le voir. Martial Dussoubs connaissait le Coup d'État, et s'indignait d'être forcé de garder le lit. Il s'écriait : — « Je suis déshonoré. Il y aura des barricades, et mon écharpe n'y sera pas.

» — Si, dit son frère. Elle y sera.

» — Comment cela ?

» — Prête-la moi.

» — Prends-la ! »

« Denis prit l'écharpe de Martial et s'en alla.

« Quelques heures après, ceint de l'écharpe du représentant du peuple, Denis Dussoubs tombait sous les balles.

« Il ne se releva que pour crier : « Vive la République ! »

« Une nouvelle balle le frappa ; il retomba. Puis on le vit se relever encore une fois, et on l'entendit crier d'une voix forte :

« Je meurs avec la République. »

Le 5 cet horrible carnage touchait à sa fin : la hideuse victoire restait à Louis Bonaparte.

M. de Maupas, le préfet de police, adressait alors aux Parisiens une proclamation dans laquelle, les associant à l'attentat et prétendant qu'eux aussi étaient impatients de se débarrasser « d'une poignée de factieux qui lèvent le drapeau de l'insurrection », il interdisait, — « le moment étant venu d'appliquer les conséquences rigoureuses de l'état de siège », — la circulation de toute voiture publique ou bourgeoise.

« Il ajoutait : Les stationnements des piétons sur la voie publique et la formation des groupes seront, sans sommation, dispersés par la troupe.

— « Que les citoyens paisibles restent à leur logis.

— « Il y aurait péril certain à contrevenir aux dispositions ci-dessus. »

Toutes les rues furent occupées militairement ; des sentinelles, fusil chargé, pistolet au poing, ordonnaient aux curieux stationnaires de circuler, aux amis qui se rencontraient de se séparer : aux yeux de ces sbires deux personnes constituaient un rassemblement.

Les auteurs de ce crime n'ont pas laissé de documents précis qui permettent à l'historien de fixer d'une manière certaine le chiffre des morts : on peut cependant — et sans exagération, — évaluer à mille le nombre des personnes tuées pendant ces trois journées, dans les rues de Paris.

Pendant ces massacres, un placard officiel apprenait au public que le ministère était composé de MM. de Morny, à l'intérieur ; Fould, aux finances ; Rouher, à la justice ; Magne, aux travaux publics ; Lacrosse, à la marine ; Casabianca, au commerce ; Fourtoul, à l'instruction publique ; Turgot, aux affaires étrangères ; et de St-Arnaud, à la guerre. — En province, toutes les personnes qui, par leurs opinions républicaines, semblaient devoir faire ombrage à l'empereur, furent arrachées de leurs domiciles, arrêtées en bloc, enfermées dans les prisons. Quiconque donnait asile à une personne poursuivie était considéré comme complice.

Le choix des victimes avait été soigneusement fait.

« *Envoyez moi un état nominal de tous les hommes qui vous sont signalés comme hostiles à l'empereur* », écrivit M. de Morny aux préfets.

M. Rouher, lui, demanda à tous les procureurs généraux « *de lui fournir des renseignements sur tous les individus qui devaient être l'objet d'une mesure de sûreté générale.* »

Enfin, St-Arnaud, ministre de la guerre, invitait les chefs militaires, « *à dresser des listes séparées des individus devant être transportés soit à la Guyanne, soit en Afrique.*

Dans plusieurs départements la résistance fut organisée, mais incomplètement et sans entente dans beaucoup d'autres. Le châtiment fut terrible. Dans le Var, dans les Hautes et Basses-Alpes, l'Hérault, la Nièvre notamment, on fit *la chasse à l'homme.*

Un prisonnier fusillé et laissé pour mort, étant revenu à la vie, fut arrêté de nouveau et fusillé une seconde fois.

C'est pour juger tous les honnêtes citoyens dont un aventurier avait ordonné l'arrestation que furent instituées les *Commissions mixtes ;* — une honte dans l'histoire de notre nation — ainsi nommées parce qu'elles se composaient de civils et de militaires ; un magistrat, un officier de l'armée et un préfet. C'est St-Arnaud et de Persigny qui avaient imaginé ce tribunal inique dont la mission toute spéciale fut le renvoi devant les conseils de guerre, la transportation à Cayenne ou en Algérie, l'expulsion de la France ou l'exil momentané, l'internement dans une prison ou une localité fixée, le renvoi en police correctionnelle, la mise sous la surveillance de la haute police de tous les citoyens arrêtés et dont le seul crime fut, alors, d'être libéral, de détester l'empereur et l'empire qui devaient être si fatals à la patrie. — Le 1er janvier 1852, le prince-président remplaça le coq gaulois sur les drapeaux par un aigle, fixa le château des Tuileries pour sa résidence et alla assister à un *Te Deum* chanté à Notre-Dame où le clergé ayant à sa tête l'archevêque Sibour, entonna pour la première fois le fameux *Domine Salvum fac Ludovicum Napoleonem,* transformé une année plus tard en *Domine Salvum fac imperatorem nostrum Napoleonem,* et qui, pendant près de quatorze ans, fut chanté, à toutes les grands'messes, et à toutes les cérémonies religieuses.

Victor Hugo, dans ses vers inoubliables des *Châtiments,* a cloué au pilori ce *Te Deum* qui fut la consécration du meurtre :

> Quand tu dis : « *Te Deum !* nous vous louons Dieu fort
>   Sabahot des armées »
> Il se mêle à l'encens une vapeur qui sort
>   Des fosses mal fermées.
>
> . . . .
>
> Le meurtre, à tes côtés, suit l'office divin
>   Criant feu sur qui bouge.
> Satan tient la burette et ce n'est pas de vin
>   Que ton ciboire est rouge.
> Prêtre ! ta messe, écho des feux de peloton
>   Est une chose impie.
> Derrière toi, le bras ployé sous le menton
>   Rit la mort accroupie.
>
> . . . .

Le 9 du même mois de janvier, le ministre de l'intérieur envoyait au *Moniteur* les deux décrets suivants :

1° Sont expulsés du territoire français, de celui de l'Algérie et de celui des colonies *pour cause de sûreté générale,* les anciens représentants à l'Assemblée législative dont les noms suivent : Edmond Valentin, Paul Racouchot, Agricol Perdiguier, Eugène Cholat, Louis Latrade, Michel Renaut, J. Benoit (du Rhône), Joseph Burgard, Jean Colfavru, J. Faure (du Rhône), Pierre-Ch. Gambon, Ch. Lagrange, Martin Nadaud, Barthélemy Terrier, Victor Hugo, Cassal, Signard, Viguier, Charassin, Bandsept, Savoye, Joly, Combier, Boysset, Duché, Ennery, Guilgot, Hochstulh, Michot-Boutet, Baune, Bertholon, Schœlcher, de Flotte, Joignaux, Laboulaye, Bruys, Esquiros, Madier-Montjau, Noël-Parfait, Emile Péan, Pelletier, Raspail, Théodore Bac,

Bancel, Bélin (Drôme), Besse, Bourzat, Brives, Chavoix, Dulac, Dupont (de Bussac), Gaston Dussoubs, Guiter, Lafon, Lamarque, Pierre Lefranc, Jules Leroux, Francis Maigne, Maladier, Mathieu (de la Drôme), Millotte, Roselli-Mollet, Charras, Saint-Ferréol, Sommier, Testelin (Nord).

« — Dans le cas où contrairement au présent décret, l'un des individus désignés ci-dessus, resterait sur les territoires qui lui sont interdits, il pourra être déporté par mesure de sûreté générale. »

2° Sont momentanément éloignés du territoire français et de celui de l'Algérie, *pour cause de sûreté générale*, les anciens représentants de l'Assemblée législative dont les noms suivent :

Duvergier de Hauranne, Créton, général Lamoricière, général Changarnier, Baze, général Le Flô, général Bedau, Thiers, Chambolle, de Rémusat, J. de Lasteyrie, Émile de Girardin, général Laidet, Pascal Duprat, Edgard Quinet, Antony Thouret, Victor Chauffour, Versigny.

« Ils ne pourront rentrer en France ou en Algérie, qu'en vertu d'une autorisation spéciale du Président de la République.

» Les sieurs Marc Dufraisse, Miot, Greppo, Mathé, Richardot, seront transportés à la Guyane française. »

Plus de vingt mille personnes furent exilées et expédiées aux colonies en même temps que les forçats. C'est ainsi que la frégate la *Forte*, emportait 16 exilés, 33 repris de justice et 347 forçats ; l'*Erigone*, 144 exilés, 161 forçats, 94 repris de justice.

Ecoutez cet émouvant récit que fait M. H. Magen, l'une des victimes du Coup d'État.

— « C'était à Bicêtre : chaque soir on voyait apparaître sur le seuil des casemates le directeur du fort. Il avait une escorte de soldats. A la lueur des torches que les geôliers portaient il faisait l'appel des noms inscrits sur l'une des deux listes qui, tous les matins, lui étaient envoyées par les commissions militaires. Les détenus, appelés par lui, le suivaient et étaient rendus à la liberté.

Un greffier déployait ensuite la deuxième liste et ceux dont il lisait les noms étaient conduits par les soldats dans des casemates réservées. Le lendemain on les transférait au fort d'Ivry. C'est là que le 9 janvier, à onze heures du soir, nous fûmes réveillés par les geôliers criant : « Il faut partir ! »

— » Dans la journée, des bruits de transportation à Cayenne avaient couru au milieu de nous : ils étaient vrais. Pendant que se faisait l'appel nominal des condamnés sans jugement, cinq jeunes garçons enchaînés arrivèrent ; des gendarmes les amenaient de Chartres. Ils avaient *blâmé* le guet-apens du 2 Décembre ! On les joignit à nous. Quand on eut emmenoté les premiers appelés et ficelé les mains des autres, — car les menottes manquaient — on nous accoupla deux à deux. Nous étions quatre cent quatorze. Trois mille soldats chargèrent leurs armes ; on nous fit placer au centre de cette escorte et le commandant s'écria d'une voix forte : « *Les fusils ne sont pas chargés à blanc, je vous en préviens, tenez-vous donc pour avertis qu'une tentative d'évasion ne réussirait pas...* »

— » On se met en marche au pas militaire. Une voiture cellulaire emporte les malades dont le départ a été disputé vainement à nos bourreaux par les médecins du fort. Entrés dans Paris par le pont d'Austerlitz nous suivons la ligne des boulevards. Çà et là, des salons brillamment éclairés s'échappent les sons d'une musique joyeuse ; on danse. Les fenêtres des restaurants en vogue s'ouvrent au milieu des éclats d'un rire bruyant, les soupeurs nous regardent passer et disent : *C'est un convoi de forçats.* »

» Non-seulement les journaux du dictateur avaient annoncé l'envoi à Cayenne des galériens qui peuplaient nos bagnes, mais encore, — nous ne tardâmes pas à l'apprendre, — les commandants des navires qui nous attendaient croyaient recevoir à leur bord des repris de justice. Comme son oncle, Napoléon Ier, Louis Bonaparte calomniait ses victimes et cherchait à les déshonorer.

— » Dix pauvres enfants de douze à quatorze ans, fatigués par la longueur et la rapidité d'une marche que rendaient plus difficile une pluie fine, et un pavé boueux, arrivèrent dans un état d'exténuation extrême à la gare de la place du Hâvre. Là, nous trouvions cinquante-deux Orléanais liés comme nous. Parmi eux je reconnus M. Péreira, riche propriétaire et ancien préfet d'Orléans, le journaliste Tavernier, et les représentants du peuple, Martin (du Loiret), et Michot-Boutet. Les autres étaient des négociants, des bourgeois, des officiers municipaux mêlés à quelques ouvriers. Leur adjonction élevait notre nombre à quatorze cent soixante-sept. Nous montons dans des wagons dont chaque compartiment a reçu deux gendarmes pour nous garder. Le convoi part. Il est trois heures du matin. L'effarement des gendarmes qui occupent les deux côtés du wagon dans lequel je suis est curieux à voir. Ils sont armés de pied en cap. Leurs yeux défiants s'attachent tour à tour sur chacun de nous ; l'une de leurs mains ne quitte le mousqueton que pour caresser la crosse du grand pistolet pendu à leur ceinturon. En nous entendant causer ils échangent des regards étonnés ; enfin, l'un d'eux n'y tenant plus s'écrie : « *Vous n'êtes donc pas des forçats?* » — Je n'oublierai jamais leur ébahissement quand on leur eut nommé les « coquins » dont la surveillance leur avait été confiée. Ces coquins étaient des négociants connus, des hommes de lettres, des journalistes, un médecin célèbre. — « *Ainsi*, demanda-t-on à ces agents de la force publique, *vous nous preniez pour des forçats?* » — *On nous l'avait dit*, répondirent-ils, *mais nous trouvions que vous n'y ressembliez pas.* »

« Le lendemain, à midi, nous entrions en gare du Hâvre. Nous montâmes bientôt à bord du *Canada* qui chauffait. Quatre cent soixante-sept républicains furent entassés dans les flancs de la vieille frégate à vapeur. Dans l'un des compartiments du faux-pont mesurant un espace de douze mètres de long sur un mètre quatre-vingt centimètres de haut, nous étions cent quatre, obligés de nous tenir accroupis sur le plancher imbibé d'eau

— » Nous devions être dirigés sur Brest : le commandant du *Duguesclin* nous attendait dans le port de cette ville pour, de là, nous transporter à Cayenne.

« — Mais une tempête empêcha le *Duguesclin* de partir.

— » Secoué dans la vaste rade qu'il ne quittait pas, — continue M. Magen, — le navire tournait sur ses ancres au moindre vent et angoissait les nerfs des prisonniers. Un chirurgien hostile aux détenus avouait, dans un document officiel, « *qu'ils vivaient dans un milieu froid et humide et qu'ils avaient une nourriture insuffisante.* » Le biscuit distribué chaque jour était la proie des vers. On s'en plaignit au commandant Mallet qui fit quelques reproches au second chargé de la nourriture ; il répondit : — « *J'exécute les prescriptions du ministre en donnant aux détenus la nourriture avariée des forçats.* »
— Les féveroles, les haricots, les pois qui composaient nos repas habituels étaient cuits dans une eau fétide.

» La digestion de ces légumes était si pénible que les hommes les plus robustes suffoquaient. La peau se couvrait de boutons. L'entassement, le manque de linge, la privation d'air avait produit sur notre corps une vermine qu'une intolérable démangeaison nous poussait à déchirer. La gale survint. Chaque matin une embarcation transportait du bord à l'hôpital de Brest de nouveaux malades, et l'infirmerie du *Duguesclin* ne cessait d'être encombrée. Les médecins exigèrent qu'on distribuât aux plus malades une ration de vin ; le commandant écrivit au ministre qu'il devenait urgent d'étendre cette distribution à tous les détenus pour soutenir la défaillance de leur corps affaibli par les privations dans un milieu où l'air ne pouvait se renouveler. Le ministre répondit par la *défense absolue de donner du vin aux malades eux-mêmes,* et il refusa d'ordonnancer celui que l'on avait distribué sans son ordre. Les docteurs Lassalle et Leroy à qui on ôtait les moyens de soulager les malades se retirèrent en protestant contre une telle inhumanité.

— « Du vingt-huit janvier au vingt-huit février, quatre-vingt-douze détenus furent élargis. Le 9 mars, d'autres destinés à la police correctionnelle, partirent ; ceux qu'on avait condamnés à l'internement les suivirent de près. Puis ce fut le tour des bannis. Une voiture cellulaire emporta dans la maison correctionnelle de Fontevrault neuf enfants que l'on avait, jusqu'alors, cruellement torturés. Le 11, le *Christophe-Colomb* prenait à son bord ceux des prisonniers du *Duguesclin* auxquels avait été appliquée la peine de la transportation en Algérie. — »

Du 12 au 16 mars, *le Labrador, le Christophe-Colomb, l'Asmodée, le Mogador, le Bertholet, l'Éclaireur, le Grondeur, le Requin,* débarquèrent dans le port d'Alger deux mille cinq cent quatre-vingt-treize victimes des commissions mixtes ; il y avait parmi les déportés cinquante-sept femmes.

Le 14 janvier 1852, Louis Bonaparte proclamait la Constitution qu'il avait élaborée et dont l'article 2 était ainsi conçu :

— « Le gouvernement de la République française est confié pour dix ans au prince Louis Bonaparte président de la République française. »

Cette Charte dans laquelle il se déclarait responsable, devant le peuple français auquel il se réservait toujours le droit de faire appel et où il s'attribuait, à lui seul, l'initiative des lois lui octroyait un pouvoir complet, absolu, sans contrôle réel. Le Sénat, corps muet et servile, était nommé par lui ; le corps législatif privé du droit d'initiative et d'interpellation, n'ayant d'autre droit que celui de discuter les projets de loi qu'on lui présentait, devait être recruté à peu près uniquement parmi les amis du pouvoir, grâce à l'institution des candidatures officielles. Cet excellent instrument de despotisme fut complété par la suppression du droit de réunion, et par celle de la liberté de la presse mise à la merci du pouvoir discrétionnaire.

Le 22 du même mois, le prince-président créait un ministère de la police et publiait le fameux décret qui confisquait les biens de la famille d'Orléans. Ce décret appelé « *le premier vol de l'Aigle* » ne fut pas sans rencontrer quelque désapprobation dans l'entourage même du chef de l'Etat et un certain nombre de hauts fonctionnaires crurent devoir donner leur démission, sans toutefois tenir longtemps rigueur au Pouvoir.

Le 25, le Conseil d'Etat fut réorganisé et un décret appela pour le 29 février les électeurs à nommer les membres du Corps législatif pour six ans. Grâce au système des candidatures officielles, sur 201 députés, trois républicains furent seulement élus : Cavaignac et Carnot, à Paris, Hénon à Lyon. Tous les trois refusèrent de siéger, ne voulant pas prêter serment à ce bandit qui s'était bombardé Empereur.

— Louis Bonaparte, on s'en souvient, avait dit dans son appel au peuple : « Si vous croyez que la France régénérée par la Révolution de 89 et réorganisée par l'empereur est toujours la vôtre, proclamez-le en consacrant les pouvoirs que je vous demande ».

Que fit la France ainsi questionnée ?

Par un premier plébiscite, elle avait, à une majorité de 7,439,216 *oui* contre 644,737 *non*, absout le Coup d'Etat et donné pour dix ans la présidence de la République française à Louis Bonaparte.

Une année plus tard, le 17 octobre, 1852, le *Moniteur* annonçait que *des manifestations éclatantes en faveur du rétablissement de l'Empire faisaient un devoir au président de la République de consulter le Sénat à ce sujet.*

Mais qu'étaient-ce donc que ces manifestations ?

Alors qu'il passait sur les boulevards, des voix achetées et des enfants n'ayant pas conscience de ce qu'ils disaient avaient crié : vive l'Empereur !

La réponse du Sénat *consulté* devait-elle être douteuse ?

Évidemment non !

Aussi s'empressa-t-il de voter ce qu'on attendait de lui. Jugez donc ! des hommes dont la conscience avait été tarifée quinze mille, vingt mille et trente mille francs ! Il décida que le suffrage universel était appelé à se prononcer sur un plébiscite formulé en ces termes :

« *Le peuple Français veut le rétablissement de la dignité impériale dans la personne de Louis-Napoléon Bonaparte* ».

Pas plus que la première fois, le vote ne fut libre et 7,824,120 *oui* déclarèrent, contre 253,149 *non*, que la France « voulait (?) le rétablissement de la dignité impériale ».

C'est le 2 décembre 1852, — date sinistre — que fut solennellement proclamé, sur la place de l'Hôtel-de-Ville de Paris, le résultat du plébiscite. — Dès ce jour Louis Bonaparte s'appela Napoléon III.

Mais comment la France presqu'entière avait-elle pu ratifier le Coup d'Etat?

Comment donc avait-elle pu *vouloir* se courber sous le joug d'un empereur ?

Un brigand arrête une diligence au coin d'un bois.

Il est à la tête d'une bande déterminée.

Les voyageurs sont plus nombreux, mais ils sont séparés, désunis, parqués dans des compartiments, à moitié endormis, surpris au milieu de la nuit, saisis à l'improviste et sans armes.

Le brigand leur ordonne de descendre, de ne pas jeter un cri, de ne pas souffler mot, de se coucher la face contre terre.

Quelques-uns résistent ; il leur brûle la cervelle.

Les autres obéissent, se couchent sur le pavé, muets, immobiles, terrifiés, pêle-mêle avec les morts et pareils aux morts.

Le brigand, pendant que ses complices leur tiennent les pieds sur les reins et le pistolet sur la tempe, fouille leurs poches, force leurs malles et leur prend tout ce qu'ils ont de plus précieux.

Les poches vidées, les malles pillées, le guet-apens consommé, il leur dit :

Afin de me mettre en règle avec la justice, j'ai écrit sur un papier que vous reconnaissez que tout ce que j'ai pris m'appartient, et que vous me le concédez de plein droit. J'entends que ceci soit votre avis. On va vous mettre à chacun une plume dans la main et sans dire un mot, sans faire un geste, sans quitter votre attitude, c'est-à-dire le ventre contre terre, la face dans la boue, vous étendrez le bras droit et signerez tous ce papier. Si quelqu'un bouge ou parle, voici la gueule de mon pistolet. Du reste, vous êtes libres.

Les voyageurs étendent les bras et signent.

Cela fait, le brigand relève la tête et dit : J'ai sept millions cinq cent mille voix !

Napoléon III a été le brigand.

Un de ses premiers actes fut de s'emparer des cordons de la bourse, — de la bourse de la France, bien entendu. Il était criblé de dettes et le moment lui parut venu de les payer. Il se fit attribuer par le Sénat vingt-huit millions d'appointements, c'est-à-dire soixante-seize mille sept cent douze francs par jour, ou trois mille sept cent quatre vingt-seize francs soixante-quinze centimes, par heure.

Il n'oublia pas sa famille à laquelle il constitua une dotation annuelle de un million cinq cent mille francs. Ceci bien établi, il songea tout aussitôt à payer ceux qui s'étaient vendus. Son grand aumônier, M. Menjau, reçut 125,000 fr. par an ; M. Vaillant, maréchal du palais, grâce à la générosité de l'Empereur, put dépenser par jour, 468 fr. ; Saint-Arnaud se faisait un revenu quotidien de 822 fr. ; les aides de camp touchaient annuellement chacun, près de 90,000 fr. — Mais pourquoi continuer plus longtemps cette scandaleuse énumération ?

Et maintenant qu'il était empereur ne lui fallait-il pas un héritier ?

Mais, pouvait-il espérer ce qu'on appelle une union princière ?

Bien que les monarques ne soient pas toujours très scrupuleux en matière de crimes, qu'ils couvrent du nom de « *raison d'Etat*, aucun des souverains alors régnants de l'Europe, ne voulut pour sa fille un homme taré, un aventurier, un parjure.

Econduit, refusé de Cour en Cour, il dut épouser Mlle Eugénie de Montijo, dont la mère, veuve d'un général espagnol, qui servit Napoléon Ier contre sa patrie, courait, à cette époque, la France de ville en ville.

C'était une femme d'une rare intelligence que cette comtesse de Montijo, mère de notre future impératrice.

Des attaches sérieuses qu'elle avait eues en Angleterre il lui restait des amitiés fidèles qu'elle savait consulter au besoin.

Ce fut au retour d'une chasse à courre à Compiègne, où ces dames avaient été invitées, que l'empereur fut frappé de ce que les poètes appellent le coup de foudre : quelques instants après il prononçait le mot de mariage.

A ce mot décisif, Mlle de Montijo répondit modestement :

« Vous ne connaissez pas ma mère, sire ; dans son dévouement pour vous, dans son extrême tendresse pour moi, appréciant trop bien la distance qui nous sépare, elle s'en alarme; elle voit un insurmontable obstacle à notre union. Ecrivez-lui, par lettre, vous réussirez mieux, peut-être, à la convaincre, à surmonter ses scrupules...»

L'Empereur écrivit. C'était tout ce que souhaitait Mme de Montijo. Ayant en poche un document qui attesterait son désintéressement et les instances que Napoléon avait dû faire près d'elle, son consentement ne se fit pas attendre.

Cette lettre qu'elle se donna le malin plaisir d'exhiber à ses intimes est soigneusement gardée dans les archives de la famille de l'impératrice à Madrid.

La France honnête rougit de ce mariage qui stupéfia l'Europe: c'était, en quelque sorte, un défi jeté aux puissances monarchiques, une revanche des échecs matrimoniaux qui lui avaient été infligés.

Le discours que l'Empereur prononça aux Tuileries, le 22 janvier 1853 devant les grands corps de l'Etat réunis pour leur annoncer cette union, en est une preuve. Les passages les plus saillants méritent d'être rappelés ; ils peignent l'homme tout entier.

« ... Quand en face de la vieille Europe, dit-il, on est porté par la force d'un nouveau principe à la hauteur des anciennes dynasties, ce n'est pas en vieillissant son blason et en cherchant à s'introduire à tout prix dans une famille de rois qu'on se fait accepter. C'est bien plutôt en se souvenant toujours de son origine, en conservant son caractère propre, en prenant franchement vis à vis de l'Europe la position de *parvenu*, titre glorieux lorsqu'on parvient par le libre suffrage d'un grand peuple.

« ... Celle qui est devenue l'objet de ma préférence est d'une naissance élevée. Française par le cœur, par l'éducation, par le souvenir du sang que versa son père pour la cause de l'empire, elle a, comme Espagnole, l'avantage de ne pas avoir en France de famille à laquelle il faille donner honneurs et dignités. Douée de toutes les qualités de l'âme, elle fera l'ornement du trône, *comme au jour du danger*, elle deviendrait *un de ses courageux appuis (?)*

« Catholique et pieuse, elle adressera au Ciel les mêmes prières que moi, pour le *bonheur de la France (?)* ; gracieuse et bonne, elle fera revivre dans la même position, j'en ai le ferme espoir, *les vertus (?)* de l'impératrice Joséphine. »

Le mot de *parvenu* fit sourire l'Europe et la malencontreuse phrase, sur les *vertus* de Joséphine, mit le comble au dédain du monde, car, il faut l'avouer, « le cher sire » n'avait pas été heureux dans ses recherches matrimoniales lorsque pour la première fois il rencontra Mlle de Montijo. Une chose assez singulière, c'est qu'une des princesses demandées, mais qui déclinèrent l'honneur qu'on voulait lui faire, n'était autre qu'une fille du prince de Hohenzollern-Sigmaringen et que cette union, si elle se fût conclue, eût introduit Napoléon III dans la famille de l'empereur Guillaume.

L'entourage impérial n'avait cru d'abord, qu'à une affaire de galanterie, et, en effet, la chose ne paraissait pas impossible ; mais lorsqu'on eut vu que l'aventure tournait au sérieux, les avis opposés se firent jour et on en vint aux supplications. M. de Persigny qui tutoyait l'Empereur, lorsqu'ils étaient seuls, le prit un jour par le bouton de l'habit et lui dit avec colère : « *Ce n'était pas en vérité la peine que tu fisses le deux Décembre pour finir comme cela....* » M. de Morny, plus maître de lui, mais non moins sévère, invoquait la raison d'Etat et redoutait le « *qu'en dira-t-on* » de l'Europe.

Cependant Louis Napoléon demeurait inflexible et bientôt on comprit qu'il ne restait plus qu'à s'incliner devant sa volonté. Le mariage, quel qu'il fût, du reste, était devenu chose utile pour Napoléon III, n'eût-ce été que pour l'arracher à ses habitudes d'orgie intime qui auraient pu facilement produire des scandales publics.

C'est le 29 janvier 1853 que fut célébrée cette union. Un collier de six cent mille francs avait été offert à la future impératrice par la municipalité *non élue* de Paris. Elle le porta le jour de son mariage et, le soir, disons-le à sa louange, elle le renvoyait au préfet de la Seine, M. Berger, pour qu'il le vendit et en distribuât le prix aux pauvres.

CHAPITRE III

LES GUERRES, MOINS L'INVASION PRUSSIENNE

De 1854 à 1870, l'Empire, qui devait être la paix, soutint sept guerres.

1° Guerre de Crimée (1854 1856) — 2° guerre d'Italie (1859) — 3° Guerre de Chine (1860) — 4° guerre de Cochinchine (1861) — 5° guerre de Syrie (1860-1861) — 6° guerre de Mexique (1862-1867) et enfin — 7° la guerre contre l'Allemagne (1870 1871), l'une des plus cruelles, l'une des plus sanglantes dont l'Histoire fasse mention.

Guerre de Crimée (1854-1856). — « L'empire c'est la paix » avait affirmé Napoléon III : aussi, tant il est vrai de dire que chaque parole de cet homme devait être un mensonge, à peine s'était il emparé de la France qu'il déclarait la guerre à la Russie.

L'honneur national était-il outragé? — La patrie était-elle menacée? — Nullement. Sous le vain prétexte d'une misérable querelle de sacristie, la fameuse question d'Orient, — toujours ouverte et qui, sans doute, ne se fermera jamais, — était remise en cause.

Qui de la France, ou de l'Angleterre, ou de la Russie mettrait la main sur « l'homme malade », — ainsi était désignée la Turquie, — pour s'enrichir de ses dépouilles?

Le 10 avril 1854 un traité d'alliance était signé entre la France et l'Angleterre; le 11, le czar Nicolas lançait sa déclaration de guerre et faisait passer le Danube à une armée russe, sous les ordres du prince Gortschakoff.

Le commandement en chef des troupes françaises fut donné au maréchal Saint-Arnaud et celui des troupes anglaises à lord Raglan. Autant le premier de ces généraux était impopulaire et méprisable, autant le second méritait l'estime qui l'entourait : aussi répugna-t-il à ce vieux soldat sans tache, type de l'honneur et de la loyauté militaires, d'associer son commandement à celui du sinistre personnage qui s'appelait Saint-Arnaud. Il dut, certes! faire appel à toute son énergie, à tout son dévouement pour l'Angleterre, dont il croyait servir les intérêts, en imposant à sa main loyale le contact de celle du maréchal Saint-Arnaud.

Nous ne pouvons raconter en détail toutes les phases de cette guerre : il nous suffira d'en rapporter les faits principaux.

L'armée française partie de Toulon, débarqua à Gallipoli, puis alla camper à Varna, en attendant l'adoption du plan définitif d'opération. Mais Saint-Arnaud brûlait de s'illustrer par « une action d'éclat ». Il imagina d'envoyer ses troupes dans les plaines de la Dobrutscha, à la poursuite de quelques Russes qui pouvaient s'y être réfugiés. La Dobrutscha est une contrée déserte, marécageuse, au sein de laquelle le Danube, par ses crues hivernales, entretient continuellement des fièvres pestilentielles. Parties de Varna, le 20 juillet 1884, les deux divisions que Saint-Arnaud offrait à la mort, — on peut le dire, — y rentraient le 10 août, après des marches longues, inutiles, meurtrières, ne ramenant que quatre mille cinq cents hommes sur dix mille.

Le 20 septembre 1854, *bataille de l'Alma* livrée par Saint-Arnaud et lord Raglan au général Mentschikoff, dont l'armée, forte de 50,000 hommes environ, occupait la rive gauche de la rivière de l'Alma. Après un combat acharné nous restions maîtres des positions et les Russes battaient en retraite, abandonnant sur la route de Sébastopol deux points stratégiques importants : Katcha et Belbeck.

Huit jours plus tard Saint-Arnaud mourait à bord du *Berthollet* qui le ramenait en France : il était âgé de 56 ans. « Une maladie, devenue mortelle à la suite de remèdes tentés contre elle par un toxicologue célèbre, mit fin à la terrible vie qu'il avait faite et que déchirait, sans doute aussi, le remords aux rongements duquel ne put se soustraire l'un des criminels les plus endurcis du Coup d'Etat. — Cette mort, par je ne sais quel reste de pudeur, fut mise sur le compte du choléra ».

Son complice, le général Canrobert, son utile auxiliaire dans les massacres de Décembre, prit le commandement de l'armée.

Le 26 septembre, *bataille de Balaclava*, remportée par les Français et les Turcs ; le 5 novembre nouvelle défaite des Russes à *Inkermann :* les ennemis laissaient sur le champ de bataille plus de 15,000 hommes tués, blessés ou prisonniers.

Le 16 août 1856 le général Gortschakoff tente de surprendre le camp français en passant la Tchernaïa, au *pont du Traktir :* — il est repoussé. Un corps d'armée piémontais, que Victor Emmanuel avait envoyé en Crimée, sous les ordres du général de la Marmora, contribua vaillamment à la défaite des Russes.

Le 8 septembre, *prise de Sébastopol* dont le siège, — plus spécialement célèbre par l'enlèvement des redoutes du *Mamelon-Vert*, du *Carénage* et des *Carrières*,— durait depuis onze mois. Le général russe Totleben défendait avec énergie la ville assiégée. Pelissier remplaçait alors Canrobert et le général Simpson avait pris le commandement de l'armée anglaise, lord Raglan étant mort du choléra. La première, la division de Mac-Mahon entrait dans la place et plantait sur *Malakoff* le drapeau français.

Malakoff pris, les armées alliées n'étaient cependant maîtresses que d'une partie de la place ; mais les Russes comprenant que toute résistance était désormais impossible durent évacuer Sébastopol.

La ville était minée. Il fallait pourtant occuper les positions toutes entières et les chefs craignaient que ces soldats qui avaient si bravement combattu, ne voulussent pas courir le risque de sauter. Alors un fait glorieux se passa. L'Etat-Major s'installa au milieu de Sébastopol et déclara qu'il ne bougerait pas de là quoiqu'il arrivât : aussitôt toute hésitation cessa.

Par bonheur la mèche principale fut découverte et les Russes, en s'éloignant, ne purent faire sauter que des petites mines qui détruisirent leurs ouvrages sans écraser les vainqueurs.

On évalue à 7,500 le nombre de morts et de blessés que la prise de Malakoff coûta à l'armée française. Cinq généraux furent tués et le général Bosquet, qui avait pris une part éclatante à toute la campagne, fut grièvement blessé.

Le 26 avril 1856, signature du traité de Paris qui terminait les hostilités.

En substance, ce traité neutralisait la navigation de la mer Noire et du Danube, enlevait à la Russie le monopole qu'elle prétendait exercer sur l'une et sa prédominance sur l'autre, délivrait de son influence les principautés danubiennes, faisait cesser le protectorat qu'elle voulait s'attribuer sur les catholiques grecs sujets du sultan, admettait la Turquie dans le concert européen et soumettait à l'arbitrage d'un Congrès des puissances signataires tout débat de l'une de ces puissances avec la Turquie.

Une circonstance particulière à noter c'est que la Prusse, alors puissance de deuxième ordre et qui n'avait pris aucune part à la guerre, ne devait pas, à l'origine, figurer au Congrès de Paris dans lequel se débattirent les conditions de la paix. Cependant, sur la proposition du gouvernement français, un plénipotentiaire prussien y fut admis.

C'était donner à la Prusse une importance toute particulière : dès ce jour elle prenait rang, grâce à la France.

Cette guerre avait anéanti sept cent cinquante mille hommes et dévoré un milliard sept cents millions.

Guerre d'Italie (1859). — Trois années après, le 7 février 1859, Napoléon, en ouvrant la session législative, annonçait que l'état de l'Italie inquiétait l'Europe, mais que lui, l'Empereur, restait inébranlable dans les voies du droit, de la justice et que sa politique « ne serait jamais provocatrice ! »

« Rien, je l'espère, ne troublera la paix, — ajoutait-il, — reprenez avec calme le cours de vos travaux ».

Ces paroles, hâtons-nous de le dire, n'inspirèrent aucune confiance et cette suspicion était plus que légitime.

En effet, le 22 avril, le *Moniteur* déclarait que, en présence de l'attitude de l'Autriche, Napoléon avait ordonné la concentration de plusieurs divisions sur la frontière du Piémont, le 29 du même mois un emprunt de 500 millions pour la levée de 140,000 hommes et l'ouverture d'un crédit de 30,000 millions pour les dépenses urgentes étaient votés par le Corps Législatif. Le 3 mai l'Empereur annonçait aux Français la déclaration de guerre à l'Autriche, « qui avait amené les choses à cette extrémité, qu'il fallait qu'elle dominât jusqu'aux Alpes ou que l'Italie fût libre jusqu'à l'Adriatique ».

Napoléon terminait ainsi sa déclaration :

« Le but de la guerre est donc de rendre l'Italie à elle-même et non de la faire changer de maître. Nous allons en Italie pour la soustraire à cette pression étrangère qui s'apesantit sur toute la Péninsule et contribue à y fonder l'ordre sur les intérêts légitimes satisfaits ».

Cet amour subit de Napoléon pour la liberté n'en imposait à personne et son départ de Paris, lorsque le 12 mai 1859 il quittait la capitale pour aller prendre le commandement des troupes, n'excita aucun enthousiasme, — bien que la police impériale eût tenté d'organiser des manifestations sympathiques, — et seuls un certain nombre de balayeurs embrigadés crièrent : « Vive l'Empereur » ! quand il passa dans la rue Saint-Antoine.

Le 20 mai, la division Forey et les armées Piémontaises livrent aux Autrichiens commandés par Bumyarter, et qui sont vaincus, la *bataille de Montébello*.

Le 30 mai, les Autrichiens sont encore battus à *Palestro*.

Le 4 juin, *bataille de Magenta*. — Les Autrichiens, sous les ordres supérieurs du général Giullay, avaient déployé des forces considérables : ils comprenaient que, s'ils perdaient la bataille, Milan leur échappait. L'incapacité de Napoléon III et les lenteurs de Canrobert compromirent un instant nos troupes.

Mais grâce à leur bravoure, grâce à cette célèbre *furia francese* si redoutée des Italiens depuis les guerres de Charles VIII, Louis XII et François Ier, nous reprîmes l'avantage et les ennemis nous laissèrent maîtres des positions.

Une légende veut que l'arrivée subite du général Mac-Mahon ait décidé de la victoire : rien de plus faux et le rôle plus humble de ce général dans cette journée de Magenta a été remis sous son véritable jour.

Quoi qu'il en soit, Mac-Mahon, créé duc de Magenta, entrait le lendemain, triomphalement dans Milan.

En se repliant les Autrichiens s'étaient refugiés et fortifiés dans le village de Melégnano — d'où ils pouvaient faire un retour offensif sur Milan. — Le maréchal Baraguay-d'Hilliers reçut l'ordre de les déloger de cette position. — Le 8 juin il gagnait la *bataille de Melégnano*.

Le général Guillay dont l'incapacité avait été notoire cède le commandement des troupes autrichiennes à l'Empereur François-Joseph. Ce monarque se fait battre à *Solférino*, 24 juin.

Pendant les opérations des troupes régulières, Garibaldi à la tête du corps de volontaires, appeles *Chasseurs des Alpes*, avaient délogé les Autrichiens de plusieurs positions dans les montagnes environnant le lac Majeur, le lac de Côme, et le lac de Garde. — Son entrée dans Côme et dans Brescia fut saluée par les hourrahs enthousiastes de toute une population pour l'indépendance de laquelle il combattait si chaleureusement.

Le 11 juillet 1859 Napoléon III et François-Joseph signaient dans une petite maison du village de Villafranca les préliminaires d'un traité de paix.

La cession de la Lombardie, moins les forteresses de Mantoue et de Peschiera, au roi de Sardaigne ; la création d'une confédération italienne sous la présidence honoraire du pape ; une amnistie générale ; la rentrée des ducs de Toscane et de Modène dans leurs duchés ; la Vénétie restant sous la domination de l'Autriche, telles furent les principales conditions passées dans les préliminaires de Villafranca.

Le désappointement et l'irritation furent immenses

en Italie. Les officiers et les soldats de l'armée sarde restèrent atterés. C'est alors que Garibaldi, d'une voix ferme, dit à ses volontaires : « Ne nous séparons pas ! »

Aucun témoin n'assistait à cette entrevue de Villafranca : que s'y passa-t-il ? Nul ne le sut alors, mais aujourd'hui la lumière est complètement faite sur cette paix mystérieuse et subite.

Pour quiconque ignorait le dessous des cartes la campagne d'Italie avait été glorieuse. Les journaux officiels n'avaient rien négligé pour chauffer et surchauffer l'enthousiasme populaire : ne fallait-il pas que les courtisans et les salariés préparassent à l'Empereur une rentrée triomphale à la tête de son armée victorieuse, entouré de sa garde couverte des lauriers de Magenta et de Solférino ?

Hélas ! on ignorait encore que Napoléon III avait dû, sur un signe de la Prusse, au lendemain même de la victoire, faire banqueroute à l'Italie et conclure la paix avec François-Joseph, sous peine de voir arriver au secours de l'Autriche tous les États confédérés de l'Allemagne disposant d'une armée de 400,000 hommes. Hélas ! il fallait que le souverain renonçât à cette suprématie française sur l'Italie dont le rêve lui était si doux et depuis si longtemps poursuivi.

Dans les papiers trouvés aux Tuileries après le 4 septembre, figure en effet une lettre curieuse écrite de la main même de l'Empereur et remontant au 26 mai 1838. — « La France est perdue pour nous y lit-on, mais l'Italie nous reste... tâchons, dès que l'occasion se présentera, de montrer au monde que tous les Bonaparte ne sont pas morts ! »

Devenu Empereur des Français, Napoléon III ambitionnait donc le titre de « libérateur de l'Italie », ayant absolument promis de la délivrer « des Alpes à l'Adriatique », et voilà qu'à peine en marche, berné par la Prusse, intimidé par l'Allemagne entière sur un ordre venu de Berlin, malgré les malédictions de Cavour, malgré les imprécations de l'Italie, il avait été obligé de conclure la paix, au grand étonnement de l'Europe.

L'Italie cria à la trahison !

A Turin la vie de Napoléon fut menacée et, pour le soustraire à la vengeance de son peuple, Victor Emmanuel dut conduire lui-même hors de la ville « le libérateur de l'Italie. »

Voilà certes, ce qu'on ne soupçonnait pas encore en France ! Mais qu'importe ? — « Grande bataille ! grande victoire ! » avait télégraphié l'Empereur à l'Impératrice, et suivant le vœu exprimé, il avait ainsi montré à l'Europe, que « tous les Bonaparte n'étaient pas morts ! »

Guerre de Chine (1860). — Cette même année 1859 l'attention de nos gouvernants fut attirée sur l'extrême Orient. Un traité conclu avec la Chine en 1858 en confirmant les précédents traités commerciaux, sur lesquels il serait trop long de s'appesantir, y avait ajouté pour les puissances signataires — Angleterre et France — le droit d'avoir un ambassadeur permanent à Pékin. Or, en juin 1859, l'escadre anglaise se présentant à l'embouchure du Pei-Ho pour conduire les ambassa

-deurs à Pékin trouva le passage barré, tenta de le forcer et ne put y parvenir.

La France n'avait eu qu'une petite embarcation et une soixantaine d'hommes engagés dans le conflit.

Néanmoins Napoléon s'associait à la revanche que l'Angleterre voulut tirer de cet échec subi par ses armes, bien qu'il eût été plus conforme au droit des gens de mettre d'abord la Chine en demeure de faire des excuses ou des réparations, et renforçait de dix mille hommes, commandés par Cousin-Montauban, l'armée expéditionnaire anglaise forte de 23,000 soldats.

Les alliés ne rencontrèrent que des ennemis peu disposés à défendre le terrain, n'ayant — « que des armes primitives dont il se servaient fort mal, des canons qui ne pouvaient lancer des boulets au-dessus de la cime des arbres et ne sachant pas combattre. » Ils marchèrent donc de victoire en victoire et, le 5 octobre, il arrivaient en vue de Pékin.

Le lendemain ils mettaient au pillage la résidence de l'Empereur de Chine, le fameux *Palais d'Été*, où les splendeurs les plus merveilleuses étaient entassées, où se rencontraient à chaque pas les trésors artistiques, les richesses incalculables et les trésors accumulés de l'une des plus anciennes civilisations du monde. Bientôt de tous ces chefs-d'œuvre, il ne resta plus que des ruines et des cendres que balaya le vent.

Ce pillage fut un des actes de Vandalisme les plus odieux qui se puisse imaginer.

— Le général Cousin-Montauban avait laissé puiser à mains pleines dans tous ces trésors. L'Empereur jugea qu'un pareil acte de brigandage devait être récompensé; aussi le général reçut-il de Napoléon III le titre de comte de Palikao et un fauteuil au Sénat.

Une loi votée en 1858, par les Chambres complaisantes, avait octroyé à l'Empereur le droit de conférer les titres nobiliaires selon son bon plaisir ; on voit ainsi ce que valait la noblesse créée par l'Empire.

Le 13 octobre, en vertu d'une capitulation, l'armée Anglo-Française entrait dans Pékin et, le 25, un traité était signé qui renouvelant les précédentes conventions allouait une forte indemnité précuniaire aux puissances alliées, à répartir entre les familles de ceux qui avaient été tués ou massacrés. Le 1er novembre 1860, les troupes quittaient Pékin.

De retour à Paris, Cousin-Montauban fit hommage à l'Impératrice d'une précieuse collection d'objets d'art provenant du Palais d'Été. Pour récompenser cette gracieuse (?) attention, l'Empereur fit présenter à la Chambre en faveur du général, un projet de dotation qui, fort heureusement, fut rejeté. Les Tuileries se montrèrent particulièrement sensibles à cet échec.

Était-ce le premier symptôme de la décadence Impériale ?

GUERRE DE COCHINCHINE (1861). — GUERRE DE SYRIE (1860.) — Nous ne sortions d'ailleurs de la Chine que pour entrer en Cochinchine : Mais il est juste d'ajouter que cette guerre (1861) nous valut trois provinces, aujourd'hui d'un excellent rapport pour la France.

A la même époque des luttes sanglantes ayant écla

entre les Druses et les Maronites, dans le Liban, la France qui s'attribuait un protectorat sur les chrétiens de ces contrées à demi-sauvages intervint dans la querelle : d'où la guerre de Syrie (1860-1861).

Malgré les embarras croissants qui nous dissuadaient d'une nouvelle expédition lointaine, les troupes françaises, sous la conduite du général d'Hautpoul-Beaufort. débarquèrent à Beyrouth le 16 août 1860.

Des massacres avaient eu lieu à Damas : sous la pression des Français les autorités turques envoyèrent à la mort près de deux cents personnes habitant cette ville et accusées d'avoir supplicié les chrétiens. Bien mieux, elles mirent en accusation les membres du grand conseil de Damas accusés de connivence avec les meurtriers.

Un des premiers, le gouverneur de Damas fut livré au supplice.

Une marche exécutée par nos troupes à travers le pays n'aboutit qu'à la capture de quelques prisonniers et à quelques exécutions ; mais alors commença une longue occupation du Liban inutile pour nos intérêts, dangereuse surtout pour les chrétiens que nous prétendions protéger et qui ne prit fin qu'à la suite des énergiques réclamations de la Turquie appuyée par l'Angleterre.

Une organisation nouvelle du Liban fut décidée dans une conférence européenne (1861). Elle eut le mérite de terminer la guerre si du moins elle ne changea pas grand chose à la situation respective des partis dans cette région.

EXPÉDITION DU MEXIQUE *(1862-1867.)* — Nous arrivons, en ce moment, à l'expédition du Mexique (1862-1867), fertile en événements tragiques, sanglante, toute pleine de honte et que, pour cela sans doute, les bonapartistes ont appelée la « plus belle pensée du règne. »

Tout fut mis en jeu à l'occasion de cette guerre : — passions religieuses, mensonges diplomatiques, tripotages véreux d'argent entre M. de Morny et le banquier suisse Jecker qui, voulant se faire rembourser des bons émis par lui pour le compte du gouvernement mexicain n'ayant jamais eu l'existence légale, offrait le partage du remboursement à celui ou à ceux qui s'emploieraient pour le lui faire obtenir ; projet chimérique de Napoléon imaginant de fonder en Amérique un grand empire de race latine capable de balancer la puissance de la grande République des Etats-Unis et rêvant d'asseoir sur ce trône futur l'archiduc Maximilien d'Autriche, ex-vice roi de Lombardie et alors en quasi-disgrâce dans son château de Miramar sur les bords de l'Adriatique.

L'expédition une fois décidée, il fut convenu que l'Espagne enverrait 6,000 hommes, la France 3,000 et l'Angleterre 1,000 seulement.

Le but avéré de la guerre était « d'aboutir au paiement de quelques indemnités dues aux nationaux pour dommage causé par le fait du gouvernement mexicain. »

L'amiral Julien de la Gravière, commandait les troupes françaises ; Prim, les troupes espagnoles ; le commodore Dunlep, les troupes anglaises.

Le 7 janvier 1862 les troupes alliées débarquèrent à Vera-Cruz.

Aussitôt les commissaires des trois puissances déclarèrent à la nation mexicaine « *que derrière leurs justes réclamations pour les indemnités dues elles ne cachaient aucun plan d'intervention ou de restauration dans l'administration du pays.* »

Seule, l'Angleterre était sincère.

L'Espagne, en effet, avait conçu le chimérique espoir de reconquérir une colonie perdue et le gouvernement français, quelques jours après la proclamation de ce manifeste, « *exigeait du Mexique l'exécution pleine, loyale et immédiate du contrat passé en 1859 entre le gouvernement mexicain et la maison Jecker.* »

Il y avait, dans cette affaire, soixante-quinze millions à gagner et M. de Morny avait 30 pour cent sur les bénéfices.

Cet *ultimatum* indigna l'Angleterre et l'Espagne qui se refusèrent d'appuyer une aussi scandaleuse réclamation. Quant à l'indemnité exigée par les trois puissances européennes au nom de leurs nationaux, elle fut reconnue légitime par Juarez, président de la République mexicaine ; il promit donc de payer. Tout paraissait ainsi terminé et même, le 19 février, les préliminaires de paix avaient été signés à Soledad. Ces préliminaires furent ratifiés par l'Angleterre et l'Espagne, mais Napoléon refusa sa sanction. Que lui importaient nos nationaux ! Ne lui fallait il pas, avant tout, arracher au Mexique la grosse somme que deux escrocs auraient à se partager et lui imposer comme Empereur et archiduc Maximilien qui serait plus maniable que Juarez !

L'Espagne et l'Angleterre eurent assez de pudeur pour se retirer de cette lutte dans laquelle la France fut maintenue par le despotisme et la malhonnêteté d'un seul homme.

Notre première opération militaire ne fut pas heureuse.

Le 28 avril 1862 le général Lorencez, résolu de marcher sur Mexico, forçait les *défilés du Combrès* et arrivait devant Puébla, ville de 60,000 habitants, défendue par deux forts et barricadée à l'intérieur.

Le 5 mai, il faisait donner l'assaut à l'un de ces forts, celui de la *Guadeloupe* : nous fûmes repoussés avec perte de 200 morts et 300 blessés. Quelques jours après, Lorencez obligé de se replier revenait avec son armée à Oribaza où il fallut, chaque jour, se tenir sur la défensive, en conservant difficilement les communications avec la Vera-Cruz.

Au mois de juillet de la même année, le général Forey, amenant de nouveaux renforts, prenait le commandement de l'expédition, remettait devant Puébla un siège qui durait deux mois et pendant lequel il battait à San-Lorenzo une forte armée mexicaine envoyée au secours de la ville.

Le 10 juin, l'armée française entrait dans Mexico.

Un *triumvirat*, composé du général Salac, de l'archevêque de Mexico et du général Almonte est tout aussitôt nommé. Ce *triumvirat* convoque alors une assemb'ée de 250 membres chargée de déterminer la forme du gouvernement Mexicain, et ainsi que cela était combiné et prévu, cette assemblée vote l'établissement d'un empire au Mexique et décerne la couronne à Maximilien d'Autriche le 10 octobre 1863.

Le commandement en chef de l'expédition est donné au général Bazaine ; — Forey revient en France avec le titre de maréchal.

Le 29 février 1864, Maximilien était Empereur.

Mexico fut mis en état de siège.— « Tous les individus faisant partie de bandes ou de rassemblements, disait le nouvel empereur dans un décret, seront jugés militairement par les cours martiales, que ces individus se couvrent, ou non, d'un prétexte politique quelconque. S'ils sont déclarés coupables, ils seront condamnés à mort et exécutés dans les vingt-quatre heures. »

A ce décret, Bazaine, qui dans Mexico régnait lui aussi en despote, répondit par cette circulaire qu'il adressait à tous les chefs militaires.

« Tous ces bandits de républicains, sont hors la loi, faites alors savoir à vos troupes que je n'admets pas qu'on fasse des prisonniers. Tout individu, quel qu'il soit, sera mis à mort. »

Cet ordre d'un Empereur que le général Forey avait appelé libéral; cette circulaire d'un maréchal qui devait, plus tard, être le traître le plus lâche, le plus criminel dont l'histoire fasse mention, ensanglantèrent le Mexique et rallumèrent la guerre civile.

Par suite de la mise en vigueur de ces décrets, deux généraux mexicains, deux patriotes, Artéaga et Salazar furent passés par les armes le 30 octobre 1865.

Voici un extrait de la lettre touchante, qu'à la veille de son exécution, Salazar écrivit à sa mère.

Alomapan, 20 octobre 1865.

Mère adorée,

« Il est sept heures du soir ; le général Artéaga, le colonel
« Villa-Gonier, trois autres chefs et moi nous venons d'être con-
« damnés. Ma conscience est tranquille. Je vais descendre dans
« la tombe à l'âge de 33 ans, sans tache dans ma carrière mili-
« taire, sans souillure sur mon nom.

« Ne pleurez pas, mais prenez courage, car le seul crime de
« votre fils est d'avoir défendu une cause sainte, l'indépendance
« de son pays.

« C'est pour cela que je vais être fusillé !

« Je n'ai pas d'argent, car je n'ai rien mis de côté, je vous laisse
« sans fortune, mais Dieu vous aidera, vous et mes enfants qui
« seront fiers de porter mon nom.

« Conduisez mes enfants et mes frères dans la voie de l'honneur,
« car l'échafaud ne peut flétrir le nom d'un patriote. »

Cette politique de sang émut l'Europe et plus encore l'Amérique ; cette nation fit même entendre au gouvernement français qu'il eût à retirer le plus promptement possible, ses troupes du Mexique.

Napoléon ne demandait pas autre chose.

Il avait sur le cœur « la non exécution intégrale du traité Jecker, Morny et Cie » et se désintéressait des affaires mexicaines, jusqu'à abandonner Maximilien et sa femme, l'impératrice Charlotte, qui firent chacun, un voyage en France pour implorer le secours suprême de cet homme qui les avait lancés dans cette sinistre aventure.

C'est le 8 juin 1866 que cette princesse infortunée tenta auprès de Napoléon III une dernière démarche pour le décider à remplir les engagements qu'il avait pris envers son mari. Après de longues et rebutantes démarches, elle obtint une entrevue et put ainsi remettre un mémoire rédigé par son mari. Napoléon promit une réponse pour le 24 juin.

Lorsque Charlotte revint à Saint-Cloud, le 24, le mémoire de Maximilien était sur la table de l'empereur, il le prit et le lui remit sans rien ajouter : elle demanda quelle résolution il comptait prendre à l'égard du Mexique. Elle était en présence d'un interlocuteur qu'il n'était pas toujours facile de faire parler, mais, en ce moment, ce silence équivalait à une réponse.

Recourant aux larmes, aux prières et n'obtenant rien, elle somma Napoléon III de tenir ses engagements d'honneur envers son mari. L'Empereur, en effet, pour décider Maximilien à accepter la couronne, lui avait écrit en 1864 deux lettres qui contenaient la promesse de ne pas l'abandonner jusqu'à l'achèvement de son œuvre, et Charlotte qui en avait les copies obligea, en quelque sorte, Napoléon III à les lire.

Celui-ci les parcourut d'un œil distrait et les rendant :

« J'ai fait pour votre mari, dit-il, tout ce que je pouvais faire, je n'irai pas plus loin. »

La jeune femme, se levant, pâle d'indignation, lui lança ces mots en partant.

J'ai ce que je mérite ! la petite fille de Louis-Philippe n'aurait pas dû confier son avenir à un Bonaparte.

Une heure après, la folie se déclarait.

De son côté Maximilien, extravagant aussi, donnant tête baissée dans la faction ultra-cléricale et merveilleusement secondé par Bazaine, ne commettait pas un seul acte qui ne fût une violence réactionnaire.

Enfermé dans *Queratero* qu'assiégeait le général Escobedo, à la tête d'une armée républicaine, il dut après trois sorties infructueuses se rendre prisonnier sans condition avec ses compagnons d'armes Miramon, Méjia, Cartillo et Marquez.

Traduit devant un conseil de guerre, il était condamné à mort le 14 juin 1867, ainsi que Miramon et Méjia.

Les derniers moments de cet Empereur d'un jour sont une des pages les plus sinistres de cette époque si féconde en sanglants souvenirs.

Le jour de l'exécution il monta dans la première voiture ; les généraux Miramon et Méjia le suivaient chacun dans une voiture séparée, accompagnés d'une escorte de quatre mille hommes. Ils furent conduits à travers Queratero jusqu'au Cerro de las Camuanas.

Ils se tinrent debout, pendant le trajet, la tête haute et le sourire aux lèvres : ils étaient vêtus avec soin, comme s'ils se rendaient à une fête. Le peuple, qui encombrait les rues, qui se suspendait aux fenêtres et se penchait sur les toits, les regardait passer avec une admiration muette et bien des femmes se détournèrent pour cacher leurs larmes, car il eût été difficile de voir plus bel homme que Maximilien.

Au dernier détour de la route le général Méjia pâlit et

se cramponna au rebord de la voiture. Il venait d'appercevoir sa femme, les cheveux en désordre, gesticulant, son enfant nouveau-né au sein ; elle errait comme une folle, à travers la foule, et suivait d'un œil hagard les cahots de l'horrible charrette qui emportait tout ce qu'elle aimait.

Méjia cacha sa tête dans ses mains en étouffant un sanglot.

Le cortège arriva au pied du Cerro-de-las-Campanas ; on avait choisi pour place d'exécution l'endroit même où Maximilien s'était constitué prisonnier.

L'Empereur sauta légèrement à terre, épousseta ses habits et, s'approchant du carré d'exécution, il distribua à chaque soldat une once d'or.

— « Visez bien, mes amis, leur dit-il, ménagez ma figure, tirez au cœur ! »

Un des soldats pleurait.

Maximilien alla à lui et, lui offrant son étui à cigares en filigrane d'argent enrichi de pierres précieuses :

— « Garde cela, mon ami, en souvenir de celui qui te le donne ; cet étui a appartenu à un prince qui a été plus heureux que moi qui t'en fais cadeau. »

Un roulement de tambours annonça que le moment fatal approchait.

Maximilien fit quelques pas, monta sur une pierre et, d'une voix sonore, adressa ces mots aux soldats et à la foule :

— « Mexicains, les hommes de ma condition et de ma race, et animés de mes sentiments, sont parfois destinés à être les martyrs des peuples. Ce n'est pas une pensée illégitime qui m'a conduit au milieu de vous. Puisse mon sang être le dernier que vous verserez et puisse le Mexique, ma malheureuse patrie d'adoption, être heureux. — Vive le Mexique ! »

Dès qu'il eut repris sa place, un sergent vint ordonner à Miramon et à Méjia de se tourner : condamnés comme traîtres, ils devaient être fusillés de dos.

— « Au revoir, mes bons amis » leur dit encore Maximilien. Et séparant de ses deux mains sa barbe fauve pour la rejeter sur ses épaules, il indiqua du doigt sa poitrine et dit d'une voix ferme : « Là ! »

Puis il attendit avec l'impassibilité d'une statue.

Au commandement de : — « Portez armes ! » une rumeur de protestation et de menace s'éleva dans la partie de la foule composée d'Indiens que leurs superstitions et leurs croyances avaient rattachés à l'Empereur. D'après leurs traditions, en effet, un homme blanc doit venir, un jour, pour les affranchir et les sauver.

Les officiers se retournèrent en brandissant leur sabre et l'on entendit le commandement de : « Joue! feu ! »

— Vive le Mexique ! cria Miramon.

— Charlotte ! Charlotte ! s'écria Maximilien.

La détonation couvrit leurs voix.

Quand la fumée fut dissipée, trois corps étaient étendus sur le sol, celui de l'Empereur remuait encore. Un soldat lui donna le coup de grâce.

On mit les cadavres dans les cercueils qui avaient été déposés à quelques pas de la place d'exécution et ils furent emportés, au milieu de la même escorte, jusqu'au couvent des capucins.

Ainsi se termine le dernier chant de cette épopée sanglante qui coûtait à la France 364 millions en crédit extraordinaire, plus d'un milliard sur les budgets ordinaires de la guerre, un matériel considérable de marine et de guerre et le dixième de notre armée emportée autant par les balles et les boulets que par la fièvre jaune ou d'autres maladies pestilentielles de ce climat malsain.

Mais de ce jour, en France, combien nous avions raison de protester contre cette aventure sanglante aussi justement impopulaire au Mexique que parmi nous. Et à ce propos, citons sans commentaires plusieurs extraits curieux, significatifs, de quelques lettres *inédites* qu'un de nos amis a bien voulu nous communiquer. Elles sont d'autant plus impartiales, et par suite ont d'autant plus de poids, qu'elles étaient adressées à sa famille par un soldat mort en brave sur le champ de bataille de Sedan, et qui ne fut jamais systématiquement hostile à l'Empire.

De la Puebla, 21 décembre 1863.

... La chose à laquelle le Mexicain s'habitue le moins, c'est d'avoir Maximilien pour empereur. Les libéraux voudraient, sinon Juarès, du moins un de leurs concitoyens ! Beaucoup, d'ailleurs, malgré la certitude des dernières nouvelles, ne croient pas encore à l'acceptation de Maximilien...

De la Puebla, 10 mai 1864.

... Je ne sais réellement pas comment Maximilien s'en tirera, *s'il vient*. Il aura du fil à retordre et devra s'estimer heureux, s'il ne finit pas aussi tragiquement que les Hurbide, les Marcios, les Hidalgo et tant d'autres victimes...

De la Puebla, 28 juin 1864.

... Il est impossible de juger le peuple mexicain, si comme nous on ne l'étudie pas sur place. Il est impossible d'arriver à fonder ici un ordre de choses stable. Du jour où l'armée française quittera Vera-Cruz, l'empire mexicain retombera dans le néant ; le parti libéral qui est composé d'éléments ardents et intelligents retournera de nouveau ce malheureux pays et son souverain actuel devra s'estimer heureux si, par la fuite ou au moins l'abdication, il se soustrait au sort de la plupart de ses prédécesseurs...

Maximilien est à Mexico. On grogne toujours contre son inactivité.

Il y a une quinzaine de jours, un complot d'enlèvement de l'impératrice a été découvert. Il s'agissait de l'enlever alors que le soir elle va de Mexico à son château de Chapultepec, escortée simplement de quatre cavaliers. La mèche a été éventée...

Mexico, 21 juin 1865.

... Il est acquis que si nous quittions le Mexique l'Empereur ne s'y maintiendrait pas vingt-quatre heures.

L'œuvre de régénération du Mexique a complètement avorté ; elle a un semblant d'existence, grâce à nos bayonnettes, mais en réalité il n'y a rien, absolument rien de fait.

L'Empereur n'a aucune sympathie, il n'y a que nous qui levions notre casquette lorsqu'il passe. Il n'a pas de soldats, pas même un bataillon constitué.

En attendant, le papa Bazaine se marie dimanche 25, avec la senorita de la Pêna, âgée de 17 ans c'est-à-dire née en l'an où son seigneur et maître dépassait la quarantaine...

Mexico, 8 septembre 1865.

... Nous sommes ici sur un qui-vive perpétuel... Le Mexique cuit, bout et de cette fermentation, sortira une nouvelle révolution. Les complots, les conspirations abondent... Les appuis sur lesquels s'était établi cet empire naissant, ne sont que bois pourri ; je dirai plus, c'est là qu'il faut chercher les traîtres ; en résumé, je crois que nous allons tous crever ici : l'eau, le feu, les Mexicains conspirent contre notre existence... Les époux Maximilien continuent à couler des jours filés de venette...

San-Luis-Potosi, 10 mars 1866.

Vous êtes étrangement *abusés* en ce qui concerne les affaires du Mexique. Nous sommes ici sur un volcan. Toute la partie comprise entre Monterey, Matamoros, Sans-Luis, Tampico, Cindad-Victoria, est infestée de bandes qui sont de vraies armées. Nous apprenons ce matin que notre 2e bataillon vient d'être complètement détruit, massacré, chef de bataillon, adjudant-major, capitaines, lieutenants, etc. Tous sont tués ou disparus. Une compagnie, partie ce matin, vient de demander du secours ; elle est cernée par 400 cavaliers ; une autre compagnie part à son secours. Entre Monterey et San-Luis, plus de courriers réguliers, 18 ont été successivement enlevés.

Ici nous sommes sur un qui vive continuel.

... La France ne cherche plus qu'une chose, rentrer autant que possible dans ses déboursés, et pour cela nous maintiendra au Mexique tant qu'elle pourra. Maximilien venu ici de bonne foi, est complètement désillusionné ; il se maintiendra sur ce trône mal assujetti, jusqu'au moment où la France quittant le Mexique, il sera forcé de nous suivre.

A la Solédad, 26 février 1867.

Demain 27 à quatre heures du matin, nous embarquons à destination d'Afrique. Impossible de vous dire la joie de tous. Nous sommes les uns et les autres rassasiés de cette campagne de fatigues et de privations. L'armée libérale occupe une heure après notre départ chaque point que nous évacuons ; elle a promis de sévères représailles ; de là l'inquiétude bien fondée de tous ceux qui ont pris parti pour notre drapeau. Voilà donc notre expédition terminée ; nous emportons tous un mauvais souvenir de ce pays abâtardi que nous laissons, du reste, dans un état d'anarchie pire que celui de l'époque de notre arrivée. Nous avons fort mal réussi ;

nous pouvons avoir fait de bonne guerre ; mais à coup sûr de très mauvaise politique... »

Qui nous valut cette guerre ?

L'impératrice ! comme plus tard elle déchaînait sur la France la terrible invasion prussienne.

Voici la curieuse anecdote qu'à ce propos raconte un historien dont on ne saurait nier les affections bonapartistes.

« Il y avait, comme on sait, un chef de la police parculière de l'Empereur. Chaque personnage avait sa police particulière en ce beau temps-là. Le policier en chef des Tuileries (du côté de l'Empereur) était un nommé Hyrvoix.

» C'était à la fin de la guerre du Mexique. Une grande rumeur inquiétait Paris. L'Empereur ne manquait jamais d'adresser le matin cette question à M. Hyrvoix.

» — Que dit on ?

» Après un silence, M. Hyrvoix répondit :

» — On ne dit rien.

» — Vous ne me dites pas la vérité, reprit l'Empereur.

» — Eh bien ! sire, on dit...

» — Parlez ?

» — Je dois toute la vérité, à Sa Majesté. Paris est indigné de cette guerre malheureuse. On en parle partout en disant que c'est la faute.....

» — La faute de qui ?

» — Sire, sous Louis XVI, on disait : « C'est la faute de l'Autrichienne

» — Eh bien ?

» — Eh bien ! sous Napoléon III, on dit que c'est la faute de « l'Espagnole. »

» Sur ce mot, une porte s'ouvrit. L'Impératrice arriva devant M. Hyrvoix comme une apparition, dans le blanc déshabillé du matin. Une belle colère empourprait ses joues, ses cheveux épars frémissaient sur ses épaules. Elle ne parla pas, elle siffla :

» — Monsieur Hyrvoix, vous allez répéter ce que vous venez de dire!

» — Oui, Madame. Votre majesté me pardonnera, puisque je suis ici pour dire la vérité. J'ai dit à l'Empereur, que dans Paris on dit « *l'Espagnole* » comme on disait de Marie-Antoinette « *l'Autrichienne* ».

» — L'Espagnole! dit l'Impératrice avec une fierté menaçante : sachez que je suis devenue Française! »

Non! elle n'est jamais devenue Française cette femme qui, après avoir voulu la guerre du Mexique, voulut encore la guerre de 1870. C'était notre ennemie la plus acharnée, puisqu'elle a fait couler notre sang dans les batailles les plus désastreuses — pour son plaisir! Française, elle! Non, elle n'a jamais été pour nous qu'une étrangère, — une étrangère détestée!

CHAPITRE IV

LA FRANCE SOUS LE SECOND EMPIRE

TACITE, nous faisant un tableau de l'Empire Romain à la veille de sa chute, nous a laissé cette page vigoureuse.

« Nous lisons que Rusticus et Sénécion furent mis à mort pour avoir loué l'un Thraséas, l'autre Helvidius. On ne se contenta point de sévir contre les auteurs mais même contre leurs écrits et les triumvirs furent chargés de brûler les immortels monuments de leur génie dans les Comices et au Forum. Sans doute, on croyait étouffer dans ces flammes la liberté du peuple Romain, la liberté du Sénat, la liberté du genre humain. Les philosophes furent chassés et on exila jusqu'aux arts honnêtes pour faire disparaître les dernières traces de la vertu : certes nous avons donné un grand exemple de patience, et si les temps anciens ont connu tout ce qu'il y a d'extrême dans la liberté, nous avons, pour notre part, connu l'extrême servitude quand l'espionnage nous enlevait le droit de parler et d'entendre. Nous eussions même perdu le souvenir avec la parole si l'homme peut oublier comme il peut se taire.»

Tel était, trait pour trait, l'état de la France, le lendemain du 2 décembre et si les noms latins de Rusticus et de Sénécion, de Thraséas et d'Helvidius ne nous reportaient aux temps anciens, nous pourrions croire ces lignes écrites par un témoin de cette époque lugubre. Jamais en effet, même aux plus mauvais jours de notre histoire, la France ne fut plus terrorisée, plus abaissée ; une magistrature vendue ; une armée ayant perdu toute notion de sa dignité ; une presse immorale ayant ordre de pousser à la corruption, encensant le pouvoir par intérêt ; un clergé complice de tous les crimes de l'homme de décembre ; un agiotage effréné, une incroyable dissolution de mœurs que l'on avait à peine dépassée sous la régence et à la fin du directoire, tel est le Bilan de cette période sinistre !

Tel qui, le matin, sortait paisiblement de sa maison n'était pas sûr d'y rentrer le soir. Pendant les premières années qui suivirent le Coup d'État chacun se tint sur un qui vive perpétuel : ce n'était alors, que poursuites, condamnations, proscriptions, exils.

Voici d'ailleurs un tableau officiel plus éloquent, à lui seul, que toutes les phrases les plus éloquentes ou les plus indignées.

Etat des individus qui après décembre

L'Empereur a désiré avoir l'état exact des individus qui, à la suite des événements de
le principe, ainsi que cela avait toujours été, au ministère de la police générale, a été,
celui de la police générale, selon les trois catégories auxquelles appartenaient les condam-
cations étrangères à mon ministère qui m'a empêché de remettre le jour même ce travail à

1° Nombre total des individus arrêtés ou poursuivis en France à l'occasion de l'in-
2° A déduire . . . } Individus mis en liberté . . . .
Individus soumis à la simple surveillance . . . .
3° Nombre total des individus condamnés à la suite de l'insurrection de décembre . . .

4° A déduire les individus condamnés par les conseils de guerre et les tribunaux pour
délits de droit commun, comme assassinats, incendies, vols, etc. . . . .

5° Nombre total et division par catégories des individus condamnés par les commissions
mixtes, à la suite de l'insurrection du 2 décembre . . . .
6° Nombre total par catégories des individus graciés . . . .
7° Nombre de contumaces . . . .
— de décédés. . . . .
8° Chiffre actuel, par catégories, au 27 janvier, des individus subissant encore, en vertu
des condamnations des commissions mixtes, les peines suivantes. . . . .

A ce chiffre de 6,153 individus restant aujourd'hui soumis à des peines quelconques, il
primitive des commissions mixtes, soit comme garantie conservée vis à vis d'eux par le
Le chiffre total des individus subissant réellement aujourd'hui les peines appliquées par les
être, d'ici à quelques jours, diminue dans une proportion considérable, par suite des sou-
tice, soit au ministre de la guerre, soit au ministre de la police générale. J'aurais voulu
j'ai fait de vaines tentatives pour arriver à ce résultat, n'étant point chargé de centra

ont été l'objet de mesures pénales

décembre, ont été l'objet d'une mesure pénale quelconque. Cette affaire concentrée dans
au mois de mars 1852, divisee en trois ministères : celui de la justice, celui de la guerre,
nés. C'est la difficulté que j'ai éprouvée, en raison de cette division, à obtenir les indi
Sa Majesté.

surrection de décembre 1851 26,642
. . . . } Total. . . 11,689
. . . . 15,033
{ Conseil de guerre . . . . 247 }
  Police correctionnelle . . . . 639 } Total. . . 913
  Maisons de correction . . . .   27 }

Cayenne.	Algérie	Éloignement. ou expulsion.	Internement		
239	9,530	1,545	2,804	Total.	14,117
61	3,773	931	1,480	Total.	6,245
5	1,715	. . . . .	. . . . .	Total.	1,720
. . .	. . . .	. . . . .	. . . . .	Total.	216
173	4,042	614	1,324	Total.	6,153

faut ajouter celui de 5,450 individus soumis à la surveillance, soit par suite de la décision
gouvernement, à la suite d'une commutation de peine
commissions mixtes, à la suite du 2 décembre, est donc de 6,153. Ce chiffre est destiné à
missions qui arrivent chaque jour en masse, soit à l'Empereur, soit au ministre de la jus
pouvoir donner à Sa Majesté le chiffre exact des soumissions adressées jusqu'à ce jour ;
liser ce service. Il est arrivé au seul ministère de la police générale 2.343 demandes en grâce.

Le ministre, secrétaire d'État au département de la police générale,

Signé : DE MAUPAS.

Voulant se piquer de libéralisme, l'Empereur, le 29 janvier 1853, proclamait une prétendue amnistie, à condition que les amnistiés s'engageraient « à ne rien faire contre le gouvernement de l'*élu* ? du pays ». — En outre, ceux qui protesteraient contre cette prétendue mesure de clémence devaient être mis sous la surveillance de la haute police.

Quelques exilés, quelques internés rentrèrent en France, même à ces conditions humiliantes : ils étaient si malheureux loin de la Patrie ! Pieds et poings liés, livrés à la direction de leurs gardiens, de la gendarmerie, ils devaient chaque matin se présenter à la caserne et signer leur nom sur un registre spécial ; la loi qu'ils n'avaient plus le droit d'invoquer ne semblait plus être écrite pour eux comme pour les autres citoyens et, quand toute la journée ils s'étaient épuisés dans un ingrat travail de défrichement, ou qu'ils avaient « sous les ardeurs d'un soleil mortel », cassé des cailloux sur la grand'route, ils ne trouvaient en rentrant qu'une nourriture mauvaise, parcimonieuse, et insuffisante à réparer leurs forces perdues.

Les exilés, eux, ne furent, à l'origine, guère plus heureux. — Dans certains pays, par exemple, ils ne pouvaient : ouvriers, monter des ateliers et mettre à profit leurs industries ; avocats, ils ne pouvaient plaider ; professeurs ils ne pouvaient donner des leçons ou faire des conférences. Ce ne fut que plus tard et lorsque ce vent de terreur eût cessé de souffler, que Madier de Montjau, Bancel, Challemel-Lacour eurent la liberté de parler. Seule, l'Angleterre fut hospitalière sans réserve : la Belgique et la Suisse elles aussi, accueillirent bienveillamment nos émigrés ; quant à l'Espagne, — et cela se comprend, — elle se montra plus qu'hostile à ceux que chassait de France le despotisme de l'aventurier couronné.

Pour enfler les « *listes de grâce* » on y faisait figurer des morts ou des évadés ; on paraissait, ainsi, avoir grâcié un plus grand nombre de citoyens. Mais tous ne voulurent pas profiter de cet humiliant pardon.

— « Votre amnistie cache un piège, répondit Charras, comme chacune de vos paroles, comme chacun de vos serments ! »

Et Schœlcher : — « Votre amnistie est un nouveau piège tendu par des hommes experts en coups de Jarnac. »

Pourquoi était-on arrêté ? Pourquoi était-on condamné ? Certes, l'Empire ne fut pas scrupuleux sur les motifs : il suffisait qu'il vous eût à l'œil pour, au moindre prétexte, vous saisir au collet.

En voulez-vous un exemple ? Lisez ce que raconte M. Ranc dans la préface de son admirable récit. *Une évasion de Lambèze.*

« Le 8 septembre 1855, devant le Théâtre-Italien, où Napoléon III était attendu, un jeune homme, nommé Bellemare, tira deux coups de pistolet sur la voiture des dames d'honneur de l'impératrice. Le lendemain, *le Moniteur* rendant compte de l'événement disait que ce jeune homme avait tiré presque sans viser et qu'il paraissait plutôt un maniaque qu'un assassin ».

« Bellemare avait été détenu deux ans à Sainte-Pélagie, où je l'avais connu, et à Belle-Isle. C'était un tempérament fébrile et un esprit un peu mystique. Lorsqu'il arriva de Belle-Isle il revit ses anciens camarades de Sainte-Pélagie, moi entr'autres, et il leur parla vaguement d'un grand projet qu'il avait. Il voulait, disait-il, donner sa vie, se sacrifier. Personne ne fit attention à ses propos. On ne prenait guère Bellemare au sérieux. Un soir, pourtant, il alla acheter des pistolets de poche, et au moment où les voitures de la Cour arrivaient sur la place Ventadour, il lâcha ses deux coups.

« Cela se passait à neuf heures ; à minuit j'étais arrêté ; le lendemain matin, on arrêtait mon camarade Pascal Lange, aujourd'hui gérant de *la Petite République française*, qui, lui aussi, avait connu Bellemare à Sainte-Pélagie. Lange comparut une fois devant le juge d'instruction, puis il n'entendit plus parler de rien. Moi, je ne fus pas interrogé du tout. J'étais, du reste, fort tranquille, n'ayant absolument rien fait qui pût me compromettre, et certain que Bellemare était incapable de porter contre moi une accusation fausse. En effet, plus tard, lorsque j'allai en Afrique, un de mes gendarmes me montra ma feuille signalétique, et j'y vis qu'on me reprochait seulement « d'avoir connu les projets de Bellemare ».

« Néanmoins, les jours se suivaient et se ressemblaient au Dépôt de la Préfecture. On ne m'interrogeait pas, mais je ne sortais pas pour cela. Un jour j'appris que Bellemare, « reconnu atteint d'aliénation mentale », avait été conduit à Bicêtre ; donc il n'y avait pas de procès, donc j'allais être mis en liberté !

« Ah bien oui ! les semaines s'écoulaient sans que rien fût changé à ma situation. Enfin, un jour, au bout de trois mois, je suis appelé au greffe du Dépôt ; je descends et je me trouve en face d'un commissaire de police qui me lit un arrêt de M. Billault, ministre de l'intérieur, portant en substance que, vu le rapport de M. Piétri, préfet de police, vu le décret du 8 décembre 1851, vu le jugement correctionnel qui m'avait condamné antérieurement à un an de prison pour société secrète, j'allais être transporté à Cayenne.

« Cet arrêté était fort en règle, le décret du 8 décembre très formel ; il n'y avait rien à dire. C'est le même décret qui fut, quelques mois après, appliqué à Charles Delescluze et à d'autres détenus politiques, à l'expiration de leur peine. Je me bornai donc à demander au commissaire de police quand aurait lieu le départ, et si j'aurais le temps de faire quelques préparatifs. Le commissaire, fort poli, du reste, et presque ému, me répondit qu'il l'ignorait et de m'enquérir auprès de M. le Préfet de police. Je m'adressai au préfet, pas de réponse. Cela sentait mauvais, et me voilà m'attendant à être enlevé le soir même, sans pouvoir embrasser ma mère, sans voir mon père, qui était absent de Paris.

« Heureusement, nous n'étions que deux politiques en partance, Pascal Lange et moi, et on ne pouvait pas faire pour nous seuls les frais d'un transfèrement. On attendit quinze jours qu'il y eût à la Roquette assez de forçats disponibles pour remplir une voiture cellulaire.

Grâce à ce répit, ma famille put agir ; une de nos parentes, Mme de Mouzay, qui connaissait quelques personnes du monde officiel, s'employa avec cette activité que savent mettre les femmes quand on en appelle à leur dévouement et elle parvint à faire changer Cayenne en Lambèse. C'était l'Algérie au lieu de la Guyane. Je lui en fus profondément reconnaissant, surtout pour les miens, dont la douleur et les inquiétudes étaient ainsi allégées de moitié, car, pour moi, j'ai la vie dure, et j'ai idée que je me serais tiré de Cayenne comme de Lambèse. Lange partit pour Cayenne. Il y resta dix-huit mois, après quoi il fut interné en Algérie jusqu'à l'amnistie. Aucun journal, bien entendu, ne parla de notre aventure. Dans ce temps-là on luttait et on était frappé obscurément. Il fallait avoir le courage de nuit. »

Cette terreur, s'il est possible, eut une recrudescence, le lendemain de l'attentat d'Orsini. C'est alors que fut nommé ministre de l'Intérieur et de la Sûreté générale, le général Espinasse « l'un des colonels du 2 Décembre, militaire brutal ne sachant qu'obéir servilement, le même qui avait trouvé que les grâces individuelles produisaient mauvais effet et que les commissions mixtes avaient péché par excès d'indulgence. »

Espinasse manda à Paris tous les préfets, leur indiqua le nombre des arrestations à faire et leur donna des pouvoirs signés en blanc : Ces instructions furent si scrupuleusement exécutées qu'on arrêta même des absents et des morts.

— Alors, pour la seconde fois, depuis quatre ans, on

vit des citoyens notés parmi les plus honnêtes et les plus honorables, arrachés à leur foyer, à leurs affaires, à leur pays, enlevés, comme des malfaiteurs, les menottes aux mains, jetés dans les bagnes, accouplés à des voleurs et transportés en Afrique ou à Cayenne. Plus de deux mille personnes furent arrêtées et quatre à cinq cents furent déportées : Les embarquements durèrent plus d'une année. Cette terreur bonapartiste fut plus pitoyable que la terreur blanche, mais plus hypocrite : à la guillotine sanglante elle substituait ce qu'on appela, avec tant de vérité cruelle, la *Guillotine sèche*, c'est-à-dire, la mort au loin et ignorée.

C'est à propos de cet attentat d'Orsini qu'on vit, hélas ! combien l'armée, en ces temps que l'on voudrait rayer de l'histoire, avait perdu toute conscience de sa dignité. Voici, en effet, quelques extraits des adresses militaires envoyées à Napoléon et que le *Moniteur* enregistra si complaisamment. — L'Angleterre y est spécialement visée.

— « Oh ces criminelles actions ne se renouvelleront pas ; mais si, par fatalité, Votre Majesté était ravie à la France, vos ennemis qui sont aussi ceux de la patrie, trouveraient à l'encontre de leurs desseins le dévouement inaltérable de l'armée qui les écraserait, s'ils voulaient mettre obstacle à la transmission régulière de la couronne à vos successeurs. »

Le général com^t. la 13e div. mil.

BAZAINE.

« Les bêtes féroces qui, à des époques périodiques quittent le sol étranger pour venir inonder de sang les rues de votre capitale ne nous inspirent que du dégoût. Et si Votre Majesté a besoin de soldats pour atteindre ces hommes jusque dans leur repaire, nous la prions très instamment de désigner le 82ᵉ régiment pour être l'avant-garde de cette armée.

« Le colonel,

Castagny. »

« Dans nos cœurs virils l'indignation contre les pervers succédant à notre gratitude envers Dieu, nous porte à demander compte à la terre de l'impunité où gît le repaire de ces monstres qui s'abritent sous ses lois :

« Le colonel du 59ᵉ régᵗ. de ligne,

Hardy. »

— « Que les misérables sicaires, agents subalternes de pareils forfaits reçoivent le châtiment dû à leur crime abominable, mais aussi, que le repaire infâme ou s'ourdissent de si infernales machinations soit détruit à tout jamais :

« Le général com. la 2ᵉ div. mil.,

Comte Gudin. »

... « Il semble impossible de considérer comme amis les gouvernements capables de donner asile à des bandits auxquels on laisse proclamer impunément le régicide :

« Le colonel du 22ᵉ de ligne,

Maltat. »

Les menaces allaient-elles devenir des réalités ? L'Angleterre prit peur et n'ayant qu'une médiocre confiance en Napoléon, se rappelant les manifestations militaires dont fut précédé le coup d'Etat, elle se mit en garde contre l'éventualité d'une tentative de descente sur ses rivages. Elle éleva et arma des défenses le long de son littoral, augmenta sa flotte et organisa rapidement des corps de volontaires pour sa défense intérieure.

Tout par l'armée, tout pour l'armée, telle fut

d'ailleurs l'une des devises de cette lamentable période. Quiconque portait l'habit militaire avait une influence que les autres citoyens ne pouvaient acquérir. Le second Empire copiait le premier au point de constituer des dotations et de donner des titres de noblesse aux généraux qui réussissaient dans quelques batailles. Le Prince impérial recevait successivement des grades et l'on se réjouissait parmi les bonapartistes, de lui voir revêtir l'uniforme. Chefs d'état-major, nombreux et brillants généraux de cour, officiers d'antichambres, tels étaient les favoris du pouvoir qui tenait à l'écart tout militaire accusé de libéralisme, je ne dis pas républicain. Certaines personnes, même, affectaient les formes de l'officier, adoptaient son maintien, presque son langage : la moustache et l'impériale en croc leur donnaient l'air martial qu'elles croyaient indispensables pour figurer avec avantage dans tous les rangs de la société. — Aussi par une fatalité logique au fond, le militarisme du second empire n'amena-t-il que des résultats désastreux. L'armée manquant toujours de guides expérimentés, devait infailliblement succomber le jour où il fallut patriotiquement défendre la France, au lieu de tenir en bride les Français, dont le réveil commencé en 1863, s'opérait décidément en 1869, époque où la canditature officielle ne l'emporta plus dans les grands centres sur le vote des ouvriers unis aux bourgeois.

Quant au clergé, sa servilité, sa platitude ne furent pas moindres. Pouvait-il en être autrement et ne se rappelait-il pas qu'après le crime de décembre, l'évêque de Saint-Flour avait dit : « Dieu nous a montré lui-même du doigt Louis Napoléon, reconnaissons en lui l'élu de Dieu » ; — l'évêque de Nancy :« Qu'il soit béni cet homme, ce grand homme, car c'est Dieu qui l'a suscité. Nous prierons pour lui, c'est le tribut qu'il est en droit d'exiger de nous pour les nombreux services qu'il nous a rendus et qu'il nous rendra encore » ; — l'évêque d'Amiens : « La France cherchait ; elle a trouvé un homme qui a protégé son existence et elle s'est donnée à lui » ; — l'évêque de Fréjus : « L'Éternel l'a donné au monde pour le sauver » ; l'évêque de Nevers :« Je salue dans son Altesse l'instrument visible de la providence » ; — l'évêque de Grenoble :« Prions pour le prince Auguste, qui est l'espérance et la gloire de la Patrie ».

Ne se souvenait-il pas encore, ce clergé, que Napoléon avait ordonné que les dettes de l'évêque d'Alger, soit 200,000 francs, fussent payées par le ministre des cultes ? Les princes de l'Eglise pouvaient-ils lui être défavorables quand, bombardés sénateurs, ils voyaient leurs appointements s'augmenter annuellement de trente mille francs ?

Il fallait au souverain des hommes qui fussent ses complices, des Chambres qui n'eussent qu'à enregistrer, qu'à se courber devant ses désirs. Ce fut alors le beau temps des candidatures officielles, une des plaies les plus hideuses de ce régime fécond en pourritures.

— « Quand un homme, — écrivait, à cette époque, le ministre de l'Intérieur aux préfets, — a fait sa fortune par le travail, l'industrie, l'agriculture... il est préférable à ce qu'on est convenu d'appeler un homme politique, car il apportera dans la confection des lois un esprit pratique et soutiendra le gouvernement dans son œuvre de codification et de réédification. Dès que vous m'aurez signalé dans les conditions ci-dessus les candidats qui auront le plus de chances de réunir la majorité de suffrages, le gouvernement n'hésitera pas à les recommander ouvertement au choix des électeurs ».

Et plus tard M. de Persigny, toujours aux préfets : « Vous mettrez toute votre influence au service des candidatures recommandées ».

C'est surtout en 1857, nous dit M. Challamel dans son *Histoire de la liberté en France,* alors qu'expirèrent les pouvoirs du Corps Législatif élu en 1852, que fleurit la candidature officielle. L'ex républicain, l'ex-socialiste Billault, obéissant peut-être à des remords de conscience, permit sans doute à certains candidats autres que ceux du gouvernement de se présenter à la députation, mais, en revanche, tel préfet ordonna « d'imposer silence aux adversaires s'il s'en rencontrait » et tel autre ne toléra ni comité ni réunion spéciale. Celui ci interdisait la publication et l'affichage des professions de foi produites par des candidats non-officiels. Aussi les électeurs n'ayant pas à choisir entre plusieurs concurrents d'opinions différentes pouvaient-ils dire avec raison : « Pourquoi nous déranger pour nommer des députés ? Le gouvernement pourrait bien les nommer lui-même ».
— Sans doute c'eût été plus franc et plus digne, mais il importait alors, de ne pas rappeler les rois absolus de l'ancien régime tout en suivant leur exemple ; il importait de ruser avec le libéralisme modéré et ne pas heurter de front toutes les traditions bourgeoises.

Est-il nécessaire d'ajouter que la trop partiale magistrature impériale n'hésitait pas à porter atteinte à la liberté du bulletin électoral, poursuivant des citoyens en vertu des articles de la loi sur le colportage pour *distribution de bulletins portant le nom des candidats, sans autorisation du préfet.* — Vraiment il fallait du courage à quiconque posait sa candidature contre un candidat officiel !

Les papiers secrets des Tuileries contiennent au sujet de ces candidatures officielles un curieux rapport de M. de Conti. En voici quelques extraits :

« ... Quel que soit le respect que l'on professe pour les institutions politiques actuelles, on ne peut se dissimuler qu'elles n'ont point été édictées en vue de développer l'initiative individuelle. Tant que le gouvernement a trouvé dans les hommes qui se sont ralliés à lui dès son début un recrutement suffisant, il ne s'est pas trop inquiété de l'avenir ; mais, dès aujourd'hui, il s'aperçoit que la *matière ministériable* se raréfie.

... Pour ce qui est de la députation, le recrutement, très-facile en 1852, devient de plus en plus difficile. Les hommes de 1852 ont aujourd'hui seize années de plus et la mort sévit dans leurs rangs ; il faut songer à remplacer certains d'entre eux et le gouvernement ne paraît se préoccuper de cette nécessité que lorsqu'un vide se fait violemment...

« ... Avant d'examiner si le candidat peut faire un bon député, on examine s'il a la chance d'être élu et souvent l'administration emploie tous les moyens mis à sa disposition pour le triomphe d'un candidat dont elle connaît la médiocrité. Pour le candidat, la question de dévouement absolu ou d'indépendance est souvent, d'ailleurs, attachée à l'appui qu'on lui prête ou qu'on lui refuse ; c'est le sabre de Joseph Prudhomme qui défend les institutions, et au besoin les attaque. Dans l'élection de M. d'Estourmel, l'exemple est palpable, et bien des gens se creusent la tête pour savoir comment M. d'Estourmel, jeune homme élégant, riche, ami du plaisir, vote avec M. Jules Favre.

M. d'Estourmel vote avec M. Jules Favre, parce que l'administration l'a combattu, pas pour autre chose.

Ce phénomène, tout exceptionnel aujourd'hui, pourra devenir beaucoup plus fréquent parce que les élections commencent à coûter gros. Les candidats riches ont *résiné* le suffrage universel, et il faut dépenser aujourd'hui de 15,000 à 20,000 francs pour lancer une candidature. Plus on ira, plus cela coûtera cher et, si l'administration est logique, entre deux candidats de médiocrité égale, elle devra pousser le plus riche, parce que c'est lui qui peut ponter le plus fort.

« Tout cela est fort triste ; il faut donc le plus vite possible appeler les capacités et les illustrations à se présenter au Corps législatif : c'est le remède au mal.

« Mais les capacités et les illustrations, où sont-elles ?

« Elles sont partout.

« Il existe neuf départements ministériels qui comprennent tous les services de l'État. Qui empêche que chaque ministre dresse ou fasse dresser par ses directeurs une liste par service des fonctionnaires de trente-cinq à quarante-cinq ans, aptes à la députation ? Qui empêche de pressurer le pays officiel pour en faire sortir sa quintessence et en extraire des hommes aptes à la députation et qui, après cinq ou six ans de politique, fourniraient sans doute quelques bons ministres et quelques bons orateurs ?

« Qui l'empêche ? Rien...

« ... Cette liste devra être complétée par les renseignements établissant où chacune des personnes désignées a des intérêts locaux, car, si dans les élections la question locale ne doit pas être tout, il ne faut pas qu'elle soit rien.

« Lorsque l'Empereur et M. le ministre posséderont cet état, ils pourront préparer de longue main des candidatures, et l'administration ne sera plus forcée d'improviser des candidats singuliers... »

« ... Tout aujourd'hui est envahi par les *dandys* et le *dandysme* actuel, lui-même, a bien dégénéré: le *lion* est devenu *petit crevé*; nous n'avons plus de *dandysme* mais bien du *gandinisme* et, tandis que les conseillers d'État et les ministres sont des hommes sérieux, bon nombre de maîtres des requêtes, d'auditeurs et de secrétaires d'ambassade pensent plutôt à l'honneur de conduire un cotillon illustre qu'à s'instruire solidement dans leurs spécialités. »

Là, vrai ! on n'est pas plus franc que M. Conti !

Voilà la civilisation impériale stigmatisée de mains de maître...

Ni hommes de génie, ni hommes de talent... Tous petits crevés !

Telles étaient, en effet, les créatures *opérettiques* de la sanglante farce impériale !

Aussi M. de Saint-Marc Girardin avait-il raison d'écrire :

« La jeunesse d'aujourd'hui fait fi des idées libérales qui nous passionnaient ; à quoi bon la discussion ? à quoi bon la tribune ? à quoi bon la liberté de la Presse ? Tout cela n'a rien produit ! Cette liberté qui nous était si chère vous l'avez perdue et par votre faute !... Et si les générations qui vivent sur la terre de France doivent se partager entre le scepticisme et le regret, j'aime mieux être dans la génération qui regrette que dans celle qui doute ou qui dédaigne. Le regret, mêlé d'espoir est pour l'âme une meilleure nourriture que le dedain et l'insouciance ».

On devine facilement quel devait être le désarroi des finances livrées à de pareils jouisseurs.

L'Empereur ordonnait aux Chambres, de voter les crédits qui lui étaient nécessaires ou même les ouvrait d'office : qu'avait-il besoin d'avoir un semblant d'autorisation de ces deux Assemblées d'esclaves qui s'appelaient le Sénat et le Corps Législatif ? Chaque ministre établissait son budget comme bon lui semblait, sans se préoccuper de son collègue pour l'équilibre du budget général ; — et cela était si vrai que l'Empereur dut décréter « qu'aucune dépense ayant pour effet d'ajouter aux charges budgétaires ne serait soumise à sa signature sans être accompagnée de l'avis du ministre des finances ». — Il est vrai que ce décret n'était qu'un trompe-l'œil, une manière de rassurer l'opinion publique effrayée de tant de gaspillages, car le Sénat, au même moment, accordait aux ministres les pouvoirs les plus larges, les plus illimités pour renforcer et équilibrer leurs budgets réciproques à l'aide de virements de fonds.

Et quels budgets ! — Comme les chiffres prouvent, avec une triste éloquence, que l'empire ne se souciant nullement du bien-être de la France, ne songeait qu'à lui, ne vivait que pour lui !

Il était accordé 1,900,000 à la police ; 50,000,000 à l'État-Major ; 100,000,000 à la guerre, alors que le budget de l'Intérieur était le plus considérable : il est vrai qu'il fallait acheter les consciences, salarier les journaux vendus et payer des complaisances infâmes. Par contre les budgets de l'agriculture et du commerce comptaient à peine dans la balance. Celui de l'instruction publique ne semblait figurer dans le budget général que pour la forme : de 1852 à 1860 les institutrices ne touchèrent environ qu'une moyenne de 60 à 75 centimes par jour, et sur 5,516,994 enfants qui auraient dû fréquenter les écoles, à peine en comptait-on quatre millions !

Et l'Empire a augmenté notre dette de plus de huit milliards sans compter les cinq milliards de rançon qu'il nous a légués !

Et l'agiotage d'aller son train d'enfer ! et la soif du gain d'enfiévrer tous les cerveaux ! Que de valeurs furent alors mises en circulation ! Le capital négocié à la Bourse en quelques années, avait augmenté de trois milliards ! On vit alors des fortunes scandaleuses et, à la surface, la prospérité la plus heureuse semblait nous avoir envahis ; mais sut-on jamais le nom de tous ceux qui se ruinèrent à ces jeux d'argent ?

Car toute la France d'en haut courait à la Bourse tandis que celle d'en bas courait au Mont-de-Piété ! Il s'établissait ainsi dans la Nation comme deux nations et cet antagonisme des classes ne profitait qu'au pouvoir absolu en compromettant l'avenir. A mesure que l'Empire montait, la Nation baissait et paraissait n'avoir d'autres soucis qu'un assouvissement de jouissances grossières. Sans compter de colossales entreprises, de grands travaux qui déterminaient des crises terribles dans le commerce et l'industrie par le renchérissement des loyers et des denrées alimentaires. Ainsi se complétait la démoralisation publique. Il est vrai que la Cour étouffait les cris de la misère sous les accents joyeux des fêtes en l'honneur des souverains étrangers qui venaient remercier l'Empereur d'avoir muselé la Révolution.

Pas une affaire dans laquelle M. de Morny n'eût sa part, à condition qu'il la protégeât « de l'autorité de son nom, de l'influence de son crédit »; pas une affaire véreuse, pas un tripotage honteux dans lequel ne fussent compromis, l'Empereur tout le premier, les dignitaires et les plus titrés personnages des Tuileries. C'est en vain que Dupin s'éleva contre cet abus de l'agiotage et l'immixtion de certains hommes publics dans les spéculations industrielles, c'est en vain que le procès Mirès révéla d'éclatants scandales, le mal provenait du régime impérial : c'était son fruit, l'activité individuelle repoussée des affaires politiques se rejetait sur les jeux de Bourse.

On volait au grand jour: on faisait des dettes qu'on refusait de payer, si bien que pour éviter un scandale l'Empereur fut obligé de solder une différence de 800,000 francs faite à la Bourse par Saint-Arnaud. Un soir Napoléon s'aperçoit qu'on lui a dérobé 300,000 francs dans son secrétaire : or, personne autre que les généraux Saint Arnaud et Cornemuse n'entrait dans la pièce où se trouvait ce meuble. Quel était le voleur? Pendant la nuit les deux généraux descendent dans un des plus sombres endroits du jardin des Tuileries : ils allaient se battre en duel. Mais avant qu'il eût eu le temps de se mettre en garde, Cornemuse tombait mortellement blessé. — On étouffa l'affaire. Saint-Arnaud, en effet, n'avait-il pas gardé certaine lettre que lui adressait l'Empereur alors que l'heure du coup d'État étant décidé : il avait écrit à son exécuteur :

— « *En cas de résistance, égorgez la population et, au besoin, incendiez Paris !* »

Puis, comme si les spéculations de la Bourse n'eussent pas été suffisantes, on rétablissait les tripots : — et la *Patrie* d'applaudir.

— « Enfin, lisait-on dans son numéro du 17 décembre 1852, les maisons de jeux vont être définitivement rétablies, mais sur d'autres bases. Les jeux seront splendides et tout le monde n'y entrera pas, les enjeux, ne devant pas être inférieurs à 100 francs. »

La France n'était en ce moment qu'un tripot où tout se vendait, tout s'achetait !

Et les mœurs ! Faut-il en parler dans ce volume plus spécialement destiné à la jeunesse ? Si notre plume ne s'y refusait, que de pages il y aurait à écrire sur les galanteries plus ou moins mystérieuses de la Cour qui, la première, donnait l'exemple du scandale ! Que ne pouvons-nous citer ici quelques lettres de Mérimée *à une inconnue ou à Panizzi*, quelques lettres de cet esprit froid, mordant qui, nourri dans le Sérail, en connut toutes les pourritures ! Que ne pouvons-nous clouer au pilori certaines favorites, de trop nombreux fonctionnaires ambitieux et quelquefois complices, tant d'élégants besogneux, toutes ces grandes dames étrangères faisant de l'espionnage politique, et enfin ces filles subalternes, courtisanes éhontées arrivant à jeter l'or par les fenêtres et, plus particulièrement la trop fameuse

Marguerite Bellanger qui appelait Napoléon « Mon cher Seigneur ! »

Il y avait alors à la surface de l'océan parisien un vent de débauche imbécile et effréné. « Dans l'art dramatique cela se traduisait par des excès de bêtise tellement prodigieuse que la postérité refusera d'y croire. On sortait navré des théâtres, surtout à cause du plaisir maladif que la foule éprouvait à boire cette écœurante ivresse. Et la salle hurlait, petits crevés, czars en vacances, coquines endiamantées, Robert Macaires ayant fini leur journée, escargots sympathiques commençant la leur, poches à guinées et mains à poches, la salle entière, au spectacle de la *Belle-Hélène*, rugissait d'allégresse sur le cadavre d'Homère assassiné. »

Napoléon le Petit s'était sans doute rappelé que son oncle, dont il voulait singer la Cour, avait, « au commencement de frimaire — (nous apprend Fauriel : *les derniers jours du Consulat*), — attribué la police du théâtre à son préfet du palais afin d'avoir tous les moyens possibles de réprimer ou de corrompre l'opinion publique dans les seules espèces de réunions où elle pût se manifester encore. »

Les journaux d'ailleurs, auraient-ils osé, auraient-ils pu parler? Depuis le décret de 1852 la Presse n'était-elle pas embrigadée, baillonée, n'était-elle pas à la merci de l'Empereur personnifié par le Ministre de l'Intérieur, les préfets, la police, la magistrature? La presse était assimilée aux établissements insalubres; déshonorée elle ne pouvait circuler qu'avec l'estampille obligatoire. La discussion n'était plus permise ; les journaux ne devaient écrire que ce que voulait le maître et non ce qu'ils auraient voulu écrire, sous peine d'être suspendus, supprimés, ruinés à coups d'amendes.

Et comme ils se taisaient par prudence, il semblait que le pays acquiesçait à la tyrannie, aux saturnales, à la honte de l'Empire.

— « La Presse ? mais elle ne se plaint pas ! Croyez-vous donc qu'elle soit asservie ? » disait M. Rouher.

Et plus cynique, M. Troplong : « N'est-ce pas un pays libre que celui où les journaux ont le droit de parler quand ils devraient se taire ? »

— Parler, oui ! à condition qu'aucune question sérieuse ne fût discutée, que la politique impériale ne fût pas mise en jeu ; — car, ainsi que le disait le Procureur général Delangle : « Ouvrir la porte à la discussion c'est ouvrir la porte au désordre ! »

Il est vrai que la discussion n'eût pas duré longtemps car elle eût été vite réprimée par une magistrature qui ne trouvait pour condamner le coupable (?) que des considérants ainsi motivés :

— « Attendu que l'article du Journal... est de nature à porter atteinte à l'autorité et à tromper l'opinion... »

— Considérant que ces publications tendent à déconsidérer l'autorité par des attaques injustes et passionnées... »

Et même, on n'était pas à l'abri des condamnations les plus odieuses pour la publication d'un fait divers banal, d'une nouvelle la plus insignifiante du monde. Le *Figaro*, alors journal d'opposition, — ayant timidement écrit que les reverbères n'avaient peut-être pas été allumés à l'heure habituelle à l'entrée du boulevard du Prince-Eugène s'attira un vigoureux communiqué.— « Sans doute le rédacteur était passé trop tôt sur le boulevard, mais de ce que les réverbères n'étaient pas allumés en ce moment, ce n'était pas une raison pour qu'ils ne le fussent à l'heure réglementaire. »

Ce communiqué fut vanté comme un acte de clémence car bien des journaux, pour moins que cela, avaient été déférés aux tribunaux et condamnés. — Quels magistrats eussent osé prononcer un acquittement ? Cet acquittement n'aurait-il pas été un blâme à l'Empereur ?

Aussi, que de journaux supprimés, que de journaux ruinés : la liste en serait longue ! Un moment même il fut question de les supprimer tous, sauf le *Moniteur* qui serait resté le seul journal *officiel* et permis : mais on n'osa pas aller jusqu'à décréter de mort, d'un seul coup de plume, tous les journaux ; en revanche on s'occupa de créer une presse gouvernementale, on chercha à rallier des écrivains que l'on chargerait de diriger l'opinion publique.

Puis, comme si le gouvernement ne se fût pas assez fié aux journalistes, même vendus, il fit appel aux fonctionnaires. — « Il faudrait, dit le Ministre de l'Intérieur, dans une circulaire confidentielle, que les principaux membres du gouvernement prissent la peine d'inspirer quotidiennement les journaux dévoués. Le gouvernement, à la tribune, se défend lui-même, pourquoi se fierait-il au savoir, à l'habileté, au dévouement des journalistes ? Il serait bon que l'on vît des membres des grands corps de l'État, des fonctionnaires d'un ordre élevé, donner aux feuilles gouvernementales le concours de leur plume. »

Et l'Empereur prêchait d'exemple : voici à titre de curiosité des articles ou indications d'articles, envoyés par lui à trois journaux différents.

— « Note adressée au journal *Le Peuple*, que dirigeait M. Clément Duvernois :

« Les idées ont une filiation avec les hommes. Pour savoir ce que nous sommes, il faut savoir ce qu'étaient nos pères.

» Dans la grande crise de 1814 et de 1815, lorsque l'Europe était conjurée contre l'Empire, le peuple français montra le plus héroïque dévouement à Napoléon, glorieux représentant de toutes les grandes idées de la révolution. Mais il y avait alors dans le pays trois partis, que nous retrouvons encore aujourd'hui :

« Les émigrés ; — Les républicains ; — Les libéraux.

» Ces trois partis croyaient représenter la nation et ne représentaient que des instincts égoïstes et sans racine dans le pays. Le peuple resta fidèle aux grands souvenirs de la grande époque. Eh bien, aujourd'hui il en est de même. La coalition de ces trois partis ne prévaudra pas contre le sentiment national, et ils auront beau mettre sur leur drapeau le grand mot de liberté, le peuple saura bien toujours que son bien-être, sa gloire, sa liberté réelle, sont avec l'Empire. »

— « Projet d'article envoyé au journal *Le Dix Décembre :*

« Quel est le vrai représentant du peuple ? C'est celui qui résume dans sa personne les votes de huit millions de Français. C'est celui qui assure l'ordre, la prospérité, le progrès ; qui maintient notre ascendant devant l'étranger et qui, tenant d'une main ferme le gouvernail, empêche le vaisseau de l'État d'échouer dans l'anarchie ou la réaction. Et ce qui prouve combien l'Empereur est le véritable représentant de la France, c'est que tous les autres personnâges qui sont en évidence ne représentent que des coteries opposées les unes aux autres. Est-ce, par exemple, M. Jules Favre qui représente la France ? Il est républicain ; il veut que le chef du pouvoir soit renommé tous les quatre ans, qu'une Chambre unique soit souveraine et dispose du pouvoir exécutif, que les forces militaires de la France soient assez amoindries pour qu'elle ne puisse plus faire la guerre, etc. Est-ce M. Thiers ? Celui-là veut la monarchie et un gouvernement parlementaire ; il veut une armée permanente fortement constituée et plus considérable que celle qui existe ; il veut qu'on abandonne l'Italie et son unité, qu'on refuse à l'Allemagne la Confédération germanique, qu'on rétablisse le système protecteur, qu'on diminue les travaux publics.

» Est-ce M. Jules Simon ? Celui-là veut, etc.

» Est-ce M. Pelletan ? Celui-là veut 93, la guillotine et la liquidation sociale.

» Est-ce M. de Falloux ? Celui-là veut la suprématie de l'Église.

» Qu'on suppose maintenant tous ces grands citoyens réunis en conseil. Voit-on la cacophonie qui en résulterait ? MM. Jules Favre, Thiers, Pelletan, Jules Simon, Falloux décidant des destinées de la France ! Que le peuple sensé réfléchisse à ce dilemme : ou soutenir l'Empire, ou l'anarchie ! »

— « Article envoyé au journal *L'Époque* :

CE QUE NOUS VOULONS

« Nous voulons l'affermissement du gouvernement actuel et le respect de la Constitution ;

» L'anéantissement des anciens partis ;

» La conciliation pour tous ceux qui se rallient franchement ;

» Le progrès sous toutes ses formes ;

» La dignité vis-à-vis de l'étranger ;

» Le bien-être des classes agricoles et industrielles.

» Il est un fait réel, c'est que l'Empereur est resté aussi populaire qu'il y a quinze ans, tandis que son gouvernement ne l'est pas.

» D'où vient cette anomalie ?

» C'est que les agents du pouvoir, au lieu d'imiter la bienveillance extrême du chef de l'État, sa modestie et sa simplicité, ont été infatués des pouvoirs qui leur étaient délégués, et qu'ils ne se sont pas assez occupés de suivre les inspirations des populations et ne se sont pas assez occupés de leurs intérêts.

» Les administrations sont restées avec le même esprit que sous Louis-Philippe, hautaines et routinières.

» Les préfets ont voulu faire les pachas et imposer leurs volontés aux populations.

» Le gouvernement de l'Empereur est le plus honnête qui ait jamais existé, mais il s'est laissé contaminer par des hommes qui, sans être au pouvoir, étaient en relation avec le gouvernement et qui le compromettaient par leurs spéculations.

» La presse, au lieu de contrôler les actes de tous les agents du pouvoir, ou a été servile ou rebelle.

» Dévoués sans réserve à l'Empereur, notre tâche est de le servir, non en aveugles, mais avec les yeux ouverts. Blâmant tout ce qui est blâmable, osant résolûment dire notre opinion sur les hommes comme sur les choses, ne donnons notre éloge que sur ce qui est bon, et éclairons le gouvernement sur ce qu'il doit savoir.

» La gloire de la France, le bonheur du peuple, la prospérité de l'Empire et de l'Empereur, telle est notre devise. »

Mais, malgré toute cette pression, la pensée pût se faire jour et maintenir ses droits imprescriptibles : c'est ainsi qu'en 1868 le tirage des journaux bonapartistes à Paris, atteignait à peine 50,000, alors que celui des journaux d'opposition s'élevait à 120,000. Cette situation devenait critique pour le pouvoir, surtout à la veille des élections de 1869. Aussi fit-il demander à tous les préfets quel était l'état moral et matériel de la presse dans les départements et quel crédit il fallait ouvrir aux journaux.

Voici quelles furent les réponses : elles sont curieuses à examiner.

DÉPARTEMENTS	OBSERVATIONS	CRÉDITS DEMANDÉS
Ain	Le préfet se déclare satisfait.	
Aisne	Situation délicate, mais le préfet pense qu'il n'y a rien à faire.	
Allier	S'assurer le concours de l'*Hebdomadaire*, répandre cette feuille dans la circonscription.	1,000
Alpes (Basses). . .	La Campagne électorale est faite par le *Peuple*.	
Alpes (Hautes). . .	Le Préfet se déclare satisfait.	
Alpes Maritimes . .	*Idem*. M. Massena a créé un journal.	
Ardèche	Le préfet demande un rédacteur et 2,500 francs en dehors pour distribution ; il n'a pas encore répondu aux dernières observations du 4 avril, lettre de rappel.	3,500
Ardennes. . . .	Le préfet se déclare satisfait.	
Ariége.	1° un rédacteur ; 2° changement de périodicité d'un journal ; le préfet n'a pas encore répondu ; la somme à prévoir est de . . .	1,500
Aube	Rien Des subventions ont déjà été données pour la création d'un journal.	
Aude	Augmentation de périodicité ; distribution, le préfet demande.	1,000
Aveyron . . , . .	Le préfet se déclare satisfait.	
Bouches-du-Rhône .	Organisation spéciale de journaux	15,000
Calvados	Distribution gratuite de journaux	1,000
Cantal	Le préfet se déclare satisfait.	
Charente	*Idem*.	
Charente Inférieure .	Distributions gratuites	1,000
Cher	Le préfet se déclare satisfait.	
Corrèze	Le préfet ne demande rien, M. Mathieu, député, fait des réserves ; il demande une subvention pour distributions ou un rédacteur.	1,000
Corse	Le préfet se déclare satisfait	
Côte-d'or	Le préfet demande pour *Le Chatelonnais* (distributions). . . . . Le député prête son concours financier, et le journal est incertain ; il importe de l'assurer ; il y a des éventualités réservées pour ce département.	1,500
	A reporter	26,500

DÉPARTEMENTS	OBSERVATIONS	CRÉDITS DEMANDÉS
	Report.	26,500
Côtes du Nord . . .	Le rédacteur envoyé ; rien pour le moment; réserves possibles.	
Creuse	Le prefet est satisfait.	
Dordogne	*Idem*	
Doubs	M. de Marmier donne son concours à une subvention de 1,000 francs pour distributions gratuites ; la subvention est donnée.	
Drôme	Rien. Les députés assurent la situation.	
Eure.	Rien Les redacteurs ont éte choisis.	
Eure et Loir. . . .	La situation est assuree	
Finistère	Le préfet n'a pas encore repondu aux observations, mais il y a lieu de prévoir une subvention considerable ; la presse est complètement desorganisee	10,000
Gard.	Le prefet est satisfait de son nouveau rédacteur.	
Garonne (Haute) . .	Distributions gratuites. (Lutte très vive). . .	2,500
Gers	Distribution des feuilles locales.	1,000
Gironde.	Subvention au *Journal de Bordeaux* (Demandé par le préfet).	4,000
Hérault	Le prefet demande 500 francs pour un rédacteur économique.	500
Ile et Vilaine. . . .	Le prefet est satisfait.	
Indre.	*Idem.*	
Indre et Loire . . .	*Idem.*	
Isère.	Demande verbale pour distributions	1,200
Jura	Une subvention a assuré la réorganisation.	
Landes	Le prefet est satisfait.	
	A reporter.	45,700

DÉPARTEMENTS	OBSERVATIONS	CRÉDITS DEMANDÉS
	Report.	45,700
Loir et-Cher	Reserves à faire.	
Loire.	Le préfet demande pour distributions gratuites	2,000
Loire (Haute). . . .	Le préfet demande pour distributions gratuites et pour redacteurs . . . . . . Le concours des députés est en dehors de cette subvention.	2,000
Loire Inférieure. . .	Le préfet est satisfait.	
Loiret.	Demande du préfet pour distributions . . .	1,500
Lot.	Rédacteur ; distributions gratuites et s'assurer le concours d'un journal douteux. . .	4,000
Lot-et-Garonne . . .	Le préfet est satisfait.	
Lozère	*Idem.*	
Maine-et-Loire . . .	*Idem.*	
Manche	La situation est delicate, mais le préfet ne veut rien faire.	
Marne	*Idem.*	
Marne (Haute) . . .	Subvention au *Journal de Langres*	1,500
Mayenne.	Attitude incertaine du journal ; le rédacteur demande 6,000 francs, le préfet ne veut lui en donner que	2 500
Meurthe.	Création d'un journal ; concours des particuliers ; l'affaire est latente, mais on peut compter sur . . . , ...	2,500
Meuse	Le préfet est satisfait.	
Morbihan	*Idem.*	
Moselle	Le préfet fait ses réserves pour fortifier la presse locale ou demander des feuilles de Paris.	
	A reporter	61,700

DÉPARTEMENTS	OBSERVATIONS	CRÉDITS DEMANDÉS
	Report.	61,700
Nievre	Le concours des députés a assuré la bonne organisation.	
Nord	Le préfet ne demande plus rien.	
Oise	Le préfet trouve la situation suffisante.	
Orne	Quoique la situation soit médiocre, le préfet mande qu'il n'y a rien à faire.	
Pas de Calais. . . .	Contribution au paiement d'un rédacteur à Boulogne	700
Puy de Dôme. . . .	Le préfet demande pour l'organisation de la presse dans l'arrondissement de Thiers. .	500
Pyrénées (Basses). .	Rien. On a agi près de M. O'Quin.	
Pyrénées (Hautes). .	Le préfet est satisfait.	
Pyrénées Orientales .	*Idem.*	
Rhin (Bas)	Paiement de la subvention supplémentaire de 30,000 francs (complément).	15,000
Rhin (Haut)	Le préfet n'est pas assuré ; subvention à prévoir.	
Rhône . , ...	Le préfet ne demande rien.	
Saône (Haute) . . .	Le préfet est satisfait.	
Saône et Loire.	Rédaction et distributions; les feuilles gouvernementales sont très médiocres, et la presse d'opposition est forte	5,000
Sarthe	Le préfet ne demande rien.	
Savoie	*Idem.*	
Savoie (Haute) . . .	*Idem.*	
Seine	»	
Seine Inferieure . . .	Demande du préfet	3,000
	A reporter.	85,900

DÉPARTEMENTS	OBSERVATIONS	CRÉDITS DEMANDÉS
	Report.	85,900
Seine et Marne . . .	Rien. Envoi du *Peuple* effectué.	
Seine et Oise	Concours des députés ; envoi du *Peuple*.	
Sèvres (Deux) . . .	Le préfet est satisfait.	
Somme	La situation est assurée.	
Tarn . . , . . .	Rédacteur pour le *Journal du Tarn*	1,000
Tarn-et-Garonne . . .	Renforcer la rédaction	1,000
Var	Le préfet est satisfait.	
Vaucluse	Pour *Le Méridional* (distributions)	1,200
Vendée	Complément du traitement du rédacteur . .	1,000
Vienne	Le préfet est satisfait.	
Vienne (Haute) . . .	Réserves à faire. *Courrier du Centre*	1,500
Vosges	Le préfet est satisfait.	
Yonne	Pour le *Journal de Joigny*	1,000
Ministère	. . . .	1,500
	TOTAL GÉNÉRAL. . . .	94,100

Crédit demandé : 100,000 francs.

Puis venait la liste des crédits qu'il était nécessaire d'accorder à certains journaux, parmi lesquels nous citerons plus spécialement :

Courrier du Gers.	2,600
Journal de Saône-et-Loire.	1,000
Journal de Montbéliard.	500
La Côte d'Or	6,000
Courrier populaire de Lille.	1,200
Phare de Marseille	5,000
Gers (frais de voyage d'un rédacteur).	200
Aube (service de la presse).	5,000
Journal de la Corse.	600
Journal de Seine-et-Oise	480
Doubs (service de la presse) (500 francs par mois, du 1er février au 1er juillet).	2,500
Bas-Rhin (service de la presse)	9,000
	34,080
Réserve accordée par Son Excellence.	50,000
Total des sommes allouées sur cette réserve.	34,080
Somme disponible.	15,920

En outre, des journalistes détachés spécialement du ministère de l'Intérieur furent dirigés sur les départements où la presse, malgré les rapports préfectoraux, malgré les subventions ne paraissait pas offrir une garantie suffisante.

C'est ainsi que M. de Courmaceul fut envoyé dans l'Ain, M. Dupeuty dans les Alpes maritimes, M. Pellerin dans l'Aube, MM. Pelvey et Bosc dans les Bouches-du-Rhône, M. Doublat dans la Charente-Inférieure, M. Cermont dans la Côte-d'Or, M. Bourgogne dans les Côtes-du-Nord, M. Delero dans la Drôme, M. Maussart dans l'Eure-et-Loir, M. Valleton dans le Gard, M. P. de Léoni dans le Gers, M. d'Hormoys dans l'Hérault, M. Hardy dans l'Isère, M. Gravot dans le Jura, M. Sten dans la Haute-Loire, M. Desolmes dans le Lot-et-Garonne, M. Malarec dans la Marne, M. Rigaud dans la Meurthe, M. d'Audigier dans la Nièvre, M. Ribeyre dans le Nord, M. Graslet dans le Pas-de-Calais, M. de Rodnys dans la Saône-et-Loire, M. Chauvet dans la Sarthe, M. Frassinaud dans la Vendée et M. Laharanne dans la Haute-Vienne.

Peut-être trouvera-t-on que nous nous sommes trop complaisamment étendus sur ce sujet : nous ne le pensons pas, car nous avons surtout voulu montrer comment en 1869, à la veille des élections, la presse avait été embrigadée, muselée, achetée, et comment — nous le dirons bientôt — malgré cette pression énorme, dont il n'y a pas d'exemple dans l'Histoire, ces élections furent relativement libérales, tant la France commençait à avoir soif de liberté.

Dirons-nous enfin, pour terminer ce trop sombre tableau, ce que fut la littérature sous le second empire ? Nulle, absolument nulle ; elle aussi était mise en tutelle, comme la presse, le Souverain n'ayant qu'un but : celui d'abrutir la pensée. On ne conspire pas quand on ne pense pas ; on se laisse vivre, on accepte tous les esclavages, et l'esprit dégénéré fait bon accueil à toutes les turpitudes.

Quelle œuvre vraiment virile est sortie de cette époque? Nous la cherchons et nous ne la trouvons pas. Les *Châtiments, Napoléon le Petit, les Misérables* nous arrivèrent de l'exil et nous ne pouvons mettre en ligne de compte, les admirables travaux historiques de Michelet, dont les derniers volumes furent publiés sous le second Empire. De 1852 à 1870 nous ne relevons que des œuvres aimables : *l'honneur et l'argent*, de Ponsard, le *mariage d'Olympe*, d'Augier, le *demi-monde*, de Dumas, quelques romans de G. Sand, de Sandeau, de Mérimée le parfait courtisan, la gracieuse idylle de Renan, qui s'appelle la *Vie de Jésus*, les études littéraires de Sainte-Beuve, Mme *Bovary*, de Flaubert, plusieurs volumes de Taine, Dargaud, d'Erckmann-Chatrian, etc., etc., mais tous ces ouvrages ne forment pas un ensemble assez vaste, assez puissant pour qu'il soit possible de dire que ce règne néfaste et dissolvant eut une littérature qui lui fût sienne. Quant à la *Vie de César*, cette maladroite compilation qu'eut l'étrange idée d'écrire l'Empereur et qui fit « malgré toutes les courtisaneries, » un des plus beaux stoks de magasin qu'aient connu les libraires, nous n'en pouvons dire ce qu'en disait Sainte-Beuve :

— « *Je suis assez courtisan pour n'en point parler et c'est tout ce que j'en peux dire de bon.* »

Cependant comme la pensée a des ailes et qu'elle ne reste pas toujours clouée à terre malgré les chaînes dont on la charge, elle pointait entre temps et affirmait ses droits ; par exemple, dans les travaux de Lanfrey, sur Napoléon Ier, les révélations de Ténot sur le Coup d'État de Décembre et, surtout, dans les *propos de Labienus*, l'admirable pamphlet de Rogeard.

Napoléon venait alors de faire paraître sa *Vie de César*. Sollicité d'en rendre compte dans le journal la *Rive gauche*, Rogeard exposa les raisons pour lesquels il lui semblait impossible de juger, suivant le mot d'un ancien, « la prose de qui pouvait proscrire » et, pour rendre sa pensée plus piquante, il mit ses propres idées dans la bouche de Labienus, l'un des lieutenants de César, s'excusant de ne pouvoir parler des mémoires d'Auguste.

« On assure, disait Labienus, que la critique sera libre, que la tyrannie donnera huit jours de congé à la littérature ! Il ne pourra nous être donné qu'une fausse liberté, une liberté de Décembre, c'est à-dire une liberté de carnaval, *libertas Decembris*, comme dit Horace. Je ne veux pas, en écrivant contre le livre, me trouver placé entre la vengeance d'Octave et la clémence d'Auguste, sans avoir même le choix. Je ne veux pas, comme Cinna, donner au drôle l'occasion de faire le magnanime et être exécuté par une grâce ! »

Quelle trouvaille que cette liberté de Décembre, et quelle fine allusion à Montalembert qui, grâcié malgré lui, répondait à l'Empereur : « Je suis de ceux qui, croyant encore au droit, n'ont pas besoin d'accepter de grâce ! » — Et Labienus continuait impitoyablement :

— « Le livre d'Auguste, c'est sa vie érigée en exemple, c'est son ambition innocentée, c'est sa volonté formulée en loi, c'est le Code des malfaiteurs, la Bible des coquins. Que diriez-vous de Verrès faisant un livre sur la propriété ? L'auteur n'y peut dire, après tout, que ce qu'il sait. Il sait piller une ville, égorger un Sénat, forcer un trésor dans un temple et piller Jupiter ; il sait faire des fausses clefs, des faux serments et des faux testaments ; il sait mentir au Forum et à la Curie, corrompre les électeurs ou s'en passer, tuer ses collègues blessés, comme à Modène, proscrire en masse et autres jeux de prince ! Il sait, suivant la méthode du premier César, comment on emprunte aux uns pour prêter aux autres et se faire des amis des deux côtés ; il sait, d'un vigoureux élan, franchir toutes les barrières et tous les Rubicons ; puis, d'un bond suprême, s'élevant au-dessus des lois divines et humaines, faire le saut périlleux, cabrioler et retomber roi ! Il sait tout cela, mais il ne sait pas un mot d'histoire, ni de politique, ni de morale, si ce n'est de la grande, c'est-à-dire de la morale des grands, qui s'enseignait dans sa famille. »

Cette verve caustique, ces phrases à deux tranchants exaspérèrent le héros de Décembre si cruellement disséqué sur le vif. Les parquets impériaux poursuivirent la brûlante brochure, traquèrent l'auteur sans pouvoir, heureusement, mettre la main sur lui, et ne purent que le faire condamner, par contumace, à l'amende et à la prison, Rogeard ayant jugé prudent de s'expatrier.

Quatre années plus tard, Rochefort publiait ses *Lanternes*, série de petites brochures spirituelles, mordantes, où les vérités les plus cruelles étaient présentées sous une forme familière et amusante pour les esprits cultivés, frappantes pour les esprits moins habitués aux finesses du langage. Ces pamphlets inoubliables qui se faisaient de jour en jour plus agressifs, plus caustiques et dont le succès grandissait brillamment, avaient éclaté comme un coup de tonnerre. « L'Empire, cette aventure de grande route, » comprit qu'il était frappé au cœur et qu'il ne guérirait pas de cette blessure.

Aussi Rochefort avait-il raison d'écrire : — « Quand on lira plus tard cette aventure de grande route qui s'est appelée jusqu'à présent l'Empire..., lorsque la génération prochaine refusera d'en croire ses oreilles, il me semble consolant que l'historiographe puisse répondre : « C'est vrai, mais lisez les *Châtiments,* lisez *Napoléon le Petit,* lisez l'*Histoire du 2 Décembre,* lisez même la *Lanterne,* et vous verrez qu'à travers les pattes sales des Piétri, les geôles des Pinard, l'indignation publique s'échappait et allait recruter au loin des soldats pour la vraie France. Il y avait les morts, les désespérés, les aplatis, mais il y avait aussi les vigilants qui guettaient l'heure et dont chaque coup de pioche ou de plume élargissait le trou d'où allait sortir la Révolution. »

Et maintenant que nous savons dans quel monde pourri, scandaleux, s'agite cette troupe d'histrions, d'aventuriers, de voleurs, de criminels, retraçons dans leur ordre chronologique les principaux événements de 1853 à 1870.

Complot de l'Opéra-Comique. — Le 7 juin 1853, raconte M. Magen dans son *Histoire du Second Empire,* aux alentours de l'Hippodrome où l'Empereur devait se rendre, les agents de police remarquèrent des groupes inaccoutumés et correspondant entre eux au moyen de signes qui leur parurent suspects. Des mesures de précautions firent avorter un complot formé par les membres des sociétés secrètes, dont les dénominations étaient les *Consuls du peuple*, le *Cordon sanitaire*, les *Deux Cents* : cette dernière, composée d'étudiants avait pour chefs Arthur Ranc, Laflize, Ribaud de Lagaudière. La police surveillait MM. Ribaud et Lux, fondateurs de la société des *Consuls du peuple* : elle les arrêta. Un belge, M. de Méren prit leur place et une nouvelle tentative contre la vie de l'Empereur fut préparée.

On savait que Napoléon III irait à l'Opéra-Comique le 6 juillet.

Ce jour-là vers neuf heures du soir, l'attention de la police fut attirée par la présence de trois individus dans la rue Marivaux près de la porte qui donne accès à la loge impériale. On les arrêta, et avec eux des complices accourus pour les délivrer. On les conduisit à la Préfecture de police et dans leurs poches on trouva des armes.

Il paraît certain qu'un prêtre ayant reçu en confession la confidence du complot, l'avait révélé au chef de la police. M. Zangiacomi présida les débats de la Cour d'assises en accusateur public; il intimidait les témoins, brutalisait les accusés, interrompait les avocats et ne laissait à la défense aucune liberté.

Sept des inculpés furent condamnés à la déportation, trois à huit ans de bannissement, neuf à sept et à cinq ans de la même peine, deux à cinq et à trois ans de prison, six furent acquittés mais retenus sous la prévention de société secrète : M. Ranc était de ceux-là.

Acquittés et condamnés comparurent devant la sixième Chambre présidée par M. d'Herbelot ; le tribunal en condamna 42 à diverses peines et en acquitta quatre. Aucun d'eux n'avait voulu répondre ni se défendre.

M. Hubbard, défenseur de Bratiano devant la Cour d'assises, avait été arrêté lui aussi : on l'accusait de faire partie de la même société secrète que son client. Tombé malade à Mazas il ne fut jugé que deux mois après ses co-accusés. Malgré une éloquente plaidoirie de Me Beyrrier on le condamna à trois ans de prison, 10,000 fr. d'amende et à cinq ans de privation de ses droits civiques.

27 FÉVRIER 1854, *mort de Lammenais*. — Le célèbre auteur des *Paroles d'un croyant*, de *l'Avenir du Peuple* et de tant d'autres ouvrages si populaires mourut en libre-penseur. Aussi la police impériale, le jour de l'enterrement fut-elle mise sur pied. On craignait une manifestation en faveur de celui qui, depuis si longtemps, enseignait au peuple ses devoirs et ses droits. — La cérémonie funèbre se fit au milieu du calme et du recueillement le plus grand. Les volontés de Lammenais ayant été scrupuleusement respectées il fut enterré dans la fosse commune « *au milieu des pauvres,* » comme il l'avait désiré, et rien, ni croix, ni pierre, ne marqua la place où était enseveli l'un des hommes les plus illustres de son siècle et de son pays.

15 MAI 1854. — L'Empereur fait solennellement l'ouverture de l'*Exposition universelle*. — Toute l'Europe, notamment la Russie exceptée, — y fut représentée.

L'industrie française, à cette Exposition, brilla d'un éclat tout particulier.

Session de 1855. — Le Corps législatif vote une loi conférant à l'Empereur le droit de nommer les maires et les adjoints dans les communes ayant trois mille habitants et plus, et aux préfets dans les autres communes. — Cette loi détruisait toute liberté municipale puisque les maires et les adjoints pouvaient être imposés par le pouvoir gouvernemental...

18 août 1855. La reine d'Angleterre, Victoria, et le prince Albert, son mari, viennent à Paris. — L'accueil que leur fit la population fut des plus froids : elle se souvenait de tous les soldats morts en Russie. — Une députation des élèves de l'école polytechnique fut reçue par la reine. Ces jeunes gens portaient tous le deuil de leurs parents tués sous les murs de Sébastopol.

7 janvier 1856. — *Enterrement civil de David* (d'Angers). — Béranger qui assistait aux obsèques de l'immortel sculpteur fut reconnu par les étudiants qui crièrent en le saluant : *Vive la Liberté!* — A cette époque un pareil cri était séditieux ; les étudiants furent arrêtés.

Naissance du prince Napoléon. — réjouissance a la cour. — *20 mai 1856.* — Le lendemain de cette naissance les grands Corps de l'État se rendirent aux Tuileries. Après avoir félicité Napoléon, il leur fut permis de défiler et de s'incliner devant le berceau bleu, décoré de la Légion d'honneur, d'où s'échappaient des vagissements dans l'inflexion desquels de plats adulateurs reconnurent — en feignant de se pâmer de joie, — les signes infaillibles d'une intelligence précoce.

On ne manqua pas de prédire à l'héritier les plus hautes destinées ; il devait perpétuer à jamais la race napoléonienne. Les évêques et les courtisans avaient fait la même prédiction au roi de Rome, au duc de Bordeaux, au comte de Paris, et l'on sait comment elles se sont réalisées. Pas un de ces enfants, qu'entouraient à leur naissance tant de serviles adulations, n'a trouvé un bras pour les protéger, quand, tout petits encore, ils durent, l'un après l'autre, suivre en exil leurs familles détrônées : pas un n'a régné, et faut-il rappeler comment le dernier, celui qui devait être Napoléon IV, périt misérablement en Afrique, tué par la lance d'un Zoulou !

Rochefort croyait-il être si bon prophète lorsque, parlant d'un voyage que l'Impératrice se proposait de faire en Hollande, il écrivait dans la *Lanterne* ?

«... Si celle qui règne actuellement sur le peuple le plus abruti de l'Univers veut pousser une pointe en Hollande, je lui montrerai dans une collection particulière un curieux portrait de l'amiral Werhuel. La tête est de profil et de petite dimension. On prendrait le tableau pour une pièce de cent sous.

— « Nous pourrions ensuite, moi me tenant toujours à une distance respectueuse, assister à une des conférences faites par Madier de Montjau, l'ancien député qui a combattu sur les barricades de 1851. *Le jeune prince impérial apprendrait là à connaître la véritable histoire du pays qu'il est appelé à ne jamais gouverner.* »

La police impériale. — L'Empereur confie à M. Hyrvoix, la direction de sa police secrète : dès ce jour, ce M. Hyrvoix précéda toujours Napoléon dans ses sorties : à Compiègne, à Paris, à Fontainebleau, à Biarritz, partout, en un mot, où il se trouvait.

D'ailleurs, à cette époque, on ne pouvait faire un pas sans rencontrer des policiers se promenant deux par deux aux alentours des Tuileries, des parcs, des châteaux, des villas de « Sa Majesté ». Ils étaient faciles à reconnaître. Presque tous étaient des Corses, bruns, trapus, le teint basané, les cheveux et la moustache noirs et rudes.

Beaucoup de ces mouchards, — est-il utile de le dire, — avaient un passé déshonoré : quelques-uns étaient d'anciens militaires échappés à la justice par leur entrée dans la police occulte où il fallait des hommes n'ayant plus rien à perdre et résolus à tout. Ils étaient fort redoutables.

L'un d'eux poignarda, un jour, dans les Champs-Elysées, un promeneur inoffensif qui s'était arrêté pour regarder passer l'Empereur se rendant au bois en voiture découverte. La victime était brune : c'était au moment où l'Empereur tremblait d'être assassiné par ses anciens amis les carbonari : or, on avait pris le pauvre homme pour un Italien.

On étouffa l'affaire et l'homme de la police fut envoyé en Corse pourvu d'un emploi bien rétribué.

La crainte du poignard italien troublait alors la tête de tous les gens de police qui voyaient partout des menaces pour l'Empereur. Un châtelain des environs de

Nantes ayant connu, avant l'Empire, l'Impératrice aux eaux de Cauterets et en ayant conservé un souvenir gracieux, se plaçait quelquefois sur son passage, au bois, pour la saluer.

Il devint suspect, fut filé par la police et ses fils durent, par prudence, avertir M. Piétri que l'on n'avait rien à redouter de lui.

Voilà quelle était notre liberté sous l'Empire !

Mort de l'archevêque Sibour. — L'année 1857 fut inaugurée par un crime. Le 3 janvier, l'archevêque de Paris, M. Sibour, achevait les offices d'ouverture d'une neuvaine à l'église Saint-Étienne du Mont, lorsqu'un homme, placé sur son passage, le frappa d'un coup de couteau catalan. L'archevêque mourut le jour même.

L'assassin l'avait frappé en criant :

« *A bas les déesses !* »

Il ne chercha pas à fuir et se laissa même arrêter sans résistance. C'était un prêtre interdit, nommé Verger. Quand on lui demanda d'expliquer ses étranges paroles il répondit avoir voulu protester contre le dogme récemment promulgué de l'Immaculée-Conception. Verger dont l'esprit ne paraissait pas des mieux équilibrés, fut condamné à mort et exécuté.

C'est en 1854, en effet, qu'avait été promulgué le dogme de l'Immaculée-Conception, et c'est en 1855 qu'avait été autorisée en France, par le Conseil d'État, la promulgation de la Bulle papale. Le clergé, d'ailleurs, avait devancé cette autorisation et, sur tout le territoire, il célébrait ce nouveau mystère, par des fêtes brillantes. Pendant que le gouvernement impérial interdisait toute polémique parlée ou écrite, il laissait le champ libre au parti clérical, et cette liberté lui donnait une force qui croissait de jour en jour.

14 janvier 1858. — Attentat d'Orsini. Au moment où la voiture qui conduisait Napoléon III et l'Impératrice arrivait à l'Opéra, alors situé rue Le Pelletier, trois explosions successives se firent entendre. La compression de l'air éteignit un instant le gaz qui, bientôt rallumé, éclaira une scène lamentable. Sur le pavé de la rue gisaient des femmes, des hommes, des chevaux morts ou blessés. Un fragment de projectile traversa le chapeau de l'Empereur; l'Impératrice n'avait pas été touchée.

Quels étaient les auteurs de cet attentat ? — Trois Italiens : Orsini, Pieri et Rudio.

Napoléon ne manqua pas de tourner sa vengeance contre les républicains français, et, sur la déposition à peine intelligible, — et démentie d'ailleurs, — d'un Italien, M. Ledru Rollin, malgré les protestations publiques, fut impliqué dans cette affaire et condamné à la déportation.

Jules Favre défendit Orsini : son plaidoyer fut magnifique. Le célèbre avocat frappait juste en montrant le coupable « égaré par un patriotisme ardent, par une fiévreuse aspiration à l'indépendance de la patrie qui est le rêve de toutes les nobles âmes. » — Puis s'adressant aux jurés : « N'êtes-vous pas, dès à présent, persuadés qu'Orsini n'a voulu qu'une chose : l'affranchissement, la délivrance de sa patrie ? Cette pensée, ce désir, ne peuvent pas excuser la mort de ces tristes victimes auxquelles Orsini, — il vous le disait hier, — voudrait pouvoir rendre la vie, mais ils l'expliquent : des sentiments impérieux, et dominateurs ont armé son bras. »

— Il fut condamné à mort : ses complices aussi. Dans une lettre datée de Mazas, le 11 février, il écrivit à l'Empereur : « Je subirai mon supplice sans demander grâce, parce que je ne m'humilierai jamais devant celui qui a tué la liberté naissante de ma patrie. »

Orsini conserva toujours sa fierté et son calme. Rudio avait été gràcié. A sept heures du matin les deux condamnés sortirent de prison. Pieri chantait d'une voix ferme le refrain : « Mourir pour la Patrie! « Orsini la tête haute sous son voile noir lui recommandait le calme. — « Vive la République! vive l'Italie! » cria Pieri dont la tête fut abattue la première. — Orsini en se livrant à l'exécuteur cria : « Vive la France ! » — Au moment où le couteau tomba, toutes les têtes se découvrirent et saluèrent ceux qui savaient mourir. Les journaux reçurent l'ordre de ne jamais parler de cette exécution.

La loi des suspects. — Proscriptions. — Les cinq. Napoléon profita de l'émotion qu'avait causée cet attentat pour arracher au Corps Législatif la fameuse « *loi de sûreté générale ou des suspects.* »

Cette loi néfaste,— la plus grande preuve d'effarement que monarque ait jamais donnée, — visait et punissait de peines énormes la provocation non suivie d'effet, aux crimes contre la famille impériale, la pratique « des manœuvres et des intelligences » soit à l'intérieur soit à l'étranger, le débit, la distribution, la simple détention des « marchandises meurtrières » et prévoyait même le « délit de la conversation. »

Contre ces crimes si bizarres, si élastiques, la même loi autorisait le ministre de l'intérieur à prononcer l'internement dans les départements ou en Algérie, et même l'expulsion du territoire. De plus, chose monstrueuse, le même ministre pouvait appliquer les mêmes peines à tout individu condamné pour cause politique depuis 1848.

Il ne se trouva dans la Chambre que 24 voix pour repousser une pareille loi; quant au Sénat, inutile de dire qu'il ne s'opposa pas à sa promulgation.

Le général Espinasse accepta le titre de ministre de l'intérieur et de la sûreté générale : nous avons dit plus haut quelle avait été son œuvre sinistre.

Il commença à fixer à chaque préfet, pour son département, un nombre d'arrestations que celui-ci devait atteindre avec toute liberté sur le choix des personnes : 2,000 citoyens, environ, furent désignés et allèrent expier en Algérie ou à Cayenne le crime d'être républicain.

Bien que la terreur, en ce moment, régna sur la France entière Paris n'en saisit pas moins la première occasion pour montrer qu'il ne se sentait pas disposé à céder le terrain. Aux élections partielles des 27 avril et 10 mai 1858, il nomma deux républicains, Jules Favre, l'éloquent défenseur d'Orsini, et M. Ernest Picard, avocat, membre du conseil de surveillance du *Siècle*.

L'opposition, alors, compta cinq républicains à la Chambre : E. Ollivier, Darimon, Hénon, J. Favre et Picard. C'était ce fameux groupe des *cinq* qui, suppléant au nombre par le talent et la résolution devait commencer à réveiller l'esprit public en France.

12-24 AVRIL 1860. — La Savoie et le comté de Nice sont annexés à la France.

26 FÉVRIER 1862.— Les cours de M. Renan, au Collège de France, sont interdits. M. Renan était déclaré coupable « d'avoir mal parlé de Jésus, ce qui blessait les croyances chrétiennes et pouvait entraîner des agitations regrettables », affirmait le ministre dans son arrêté de dissolution.

ÉLECTIONS RÉPUBLICAINES DE 1863. — Le mouvement républicain commence à s'accentuer en France : à Paris, toute la liste de l'opposition passa, Havin, Thiers, Ollivier, Picard, Guéroult, Darimon, Simon, Pelletan ; J. Favre et Hénon furent élus à Lyon ; Berryer et Marie, à Marseille ; Lanjuinais, à Nantes. L'opposition réussit également dans vingt et une autres circonscriptions, ce qui portait à trente-cinq le nombre des députés républicains. C'était, à cette époque, un immense progrès. L'effet de ces élections fut immense en Europe, et le gouvernement bonapartiste s'en émut. « Il comprit qu'il avait devant lui une vigoureuse hostilité qui grandirait et se fortifierait de jour en jour. »

15 SEPTEMBRE 1864. — Napoléon III conclut avec l'Italie une convention en vertu de laquelle il retirerait le corps d'armée occupant Rome, à condition que l'Italie s'engagerait à ne pas attaquer le territoire pontifical et à le défendre contre toute attaque venant de l'intérieur.

Voyage en Algérie (1865). — L'année 1865 vit un court interrègne. Napoléon ayant cru devoir visiter l'Algérie, le gouvernement fut remis aux mains de l'Impératrice régente.

Une lettre caractéristique. — C'est à la même époque que le prince Napoléon, s'étant avisé, le 24 mai de prononcer, à Ajaccio, un discours dans lequel il reproduisait quelques paroles échappées à Napoléon Ier en faveur de la liberté, Napoléon III lui adressa une lettre dont voici les passages les plus marquants :

— « Le programme politique que vous placez sous l'égide de l'Empereur, mon oncle, ne peut servir qu'aux ennemis de mon gouvernement.

» Pour savoir appliquer aux temps actuels les idées de l'Empereur, il faut avoir passé par les rudes épreuves de la responsabilité et du Pouvoir.

» Mais ce qui est clair aux yeux de tout le monde, c'est que, pour empêcher l'anarchie des esprits, cette ennemie redoutable de la vraie liberté, l'Empereur avait établi dans sa famille d'abord, dans son gouvernement ensuite, cette discipline sévère qui n'admettait qu'une volonté et qu'une action : je ne saurais, désormais, m'écarter de la même règle de conduite.

» Sur ce, monsieur et cher cousin, je prie Dieu qu'il vous ait en sa sainte garde. »

Session de 1866. — Cette session fut une des plus animées et des plus intéressantes de l'Empire. La grande et mémorable discussion sur les affaires du Mexique où Jules Favre eut un de ses plus beaux triomphes, et M. Rouher une de ses plus éclatantes défaites, fut un coup dont l'Empire ne se releva plus.

Aucun sénatus-consulte ne pouvait replâtrer cet effondrement et celui qui fut présenté à l'approbation du Sénat, en 1866, n'eut qu'un seul but : essayer de mettre la Constitution de 1852 au-dessus de toute discussion et de toute controverse. Le projet ne rencontra d'opposant que M. de Boissy et fut voté à l'unanimité de 115 voix.

Le Corps législatif commençait, décidément, à se montrer moins facile que le Sénat. A propos de cette discussion sur les affaires du Mexique l'opposition fit preuve d'une discipline qui paralysait les inconvénients de sa faiblesse numérique ; en outre, certains membres de la majorité ne défendirent plus le gouvernement qu'avec certaines réserves et même quarante-cinq membres de la Droite s'entendirent pour rédiger une Adresse dans laquelle ils demandaient qu'on fît un pas en avant dans la voie de la liberté. Cette nouveauté, alors singulière, fut en quelque sorte l'acte de naissance de cette fraction politique de nos représentants que l'on appela

« le tiers parti. » — Cette Adresse, défendue par M. Emile Ollivier, réunit 63 voix sur 269 votants.

Année 1867. — *Exposition universelle.* — Tous les monarques de l'Europe s'étaient donné rendez-vous à Paris : Empereurs de Russie et d'Autriche, roi de Prusse, qu'accompagnait M. de Bismarck, etc., etc.— Bérézowski fit feu sur l'Empereur de Russie ; il déclara qu'il n'avait voulu tuer Alexandre que pour venger la Pologne. Traduit devant la Cour d'assises, il fut condamné aux travaux forcés, le jury ayant admis des circonstances atténuantes.

Les chassepots ont fait merveille. — Le 30 avril 1867, les troupes franco-pontificales se battaient à Mentana avec les volontaires de Garibaldi : le grand révolutionnaire rêvait alors d'achever l'œuvre de l'unité italienne en faisant de Rome la capitale de l'Italie et en renversant le pouvoir temporel du pape.

Le soir de la bataille, le général de Failly adressait à l'Empereur cette dépêche tristement célèbre qui parut dans le *Moniteur* du 12 octobre et qui se terminait par ces mots devenus trop fameux :

— « *Nos fusils chassepots ont fait merveille!* »

Ils avaient fait merveille en effet : grâce à eux plus de six cents patriotes italiens avaient cessé de vivre, le pouvoir temporel était maintenu et l'irritation de l'Italie contre le gouvernement impérial qui s'opposait constamment à ce qu'elle constituât son unité devenait plus vive encore.

A rapprocher de ces paroles lugubres qu'en 1831 le général Sébastiani, notre ministre des affaires étrangères, osait prononcer à la tribune des députés :

— « *Messieurs, l'ordre règne à Varsovie.* »

Il y régnait en effet, depuis que le 8 septembre de cette même année les Russes avaient passé au fil de l'épée tous les habitants de cette malheureuse ville qu'ils pillèrent et incendièrent après la tuerie.

Session de 1868. — Quatre demandes d'interpellation sont déposées sur le bureau du Corps législatif : interpellations relatives à l'application des lois concernant la liberté individuelle, à la politique intérieure et extérieure et à l'expédition de Rome. — Mais comme il fallait à tout prix étouffer la voix de plus en plus écoutée et de plus en plus autorisée de l'opposition, comme il fallait mettre la liberté sous le boisseau, la dernière de ces interpellations fut seule permise.

Novembre 1868. — Affaire Baudin. — A la suite d'une manifestation faite le 2 novembre, jour des Morts, autour de la tombe de Baudin, quelques journaux ouvrirent une souscription pour élever un monument funèbre à ce patriote tué sur les barricades par les soldats de Napoléon. Ces journaux furent d'abord saisis puis poursuivis comme coupables de manœuvres à l'intérieur et d'excitation à la haine et au mépris du gouvernement.

MM. Peyrat, Delecluze, Quentin, Challemel Lacour, Gaillard, père et fils, Peyrouton, s'assirent sur le banc des accusés. Le ministère public osa prononcer une apologie du 2 Décembre, mais les défenseurs abandonnant la cause de leurs clients, qu'ils savaient d'avance, devoir être condamnés, firent, à la face de toute la France émue, le procès à cette période sinistre de notre histoire.

« Je ne connais rien de plus beau, s'écria Arago, plaidant pour Delécluze, que la mort du républicain Baudin, victime involontaire de son dévouement à la loi et à la Constitution. Que le second Empire dresse des statues à ses complices mais qu'il laisse une tombe pour Baudin, c'est-à-dire pour la vertu, la fermeté, pour tout ce qui fait les bons citoyens ! »

C'est au milieu de la sensation produite par la plaidoirie de Me Arago, que Me Léon Gambetta, avocat jusqu'alors presqu'inconnu, prit la parole. D'un seul coup d'aile, le débat s'élevait à une hauteur incommensurable. Ce n'était plus le témoignage du passé qu'on allait entendre, c'était la voix d'un homme tout jeune, flétrissant l'Empire au nom des générations nouvelles ; ce n'était plus une plaidoirie mais un véritable discours de tribune, d'une éloquence virulente et égale à celle des plus illustres orateurs.

— « Peut-on jamais, s'écria-t-il, sous prétexte de salut public, renverser la loi et traiter de criminels ceux qui la défendent ? L'acte du 2 Décembre a porté le trouble dans les consciences. A cette date se sont groupés autour d'un prétendant, des hommes sans talent, sans honneur, perdus de dettes et de crimes, de ces complices, de ces gens dont on peut répéter ce que César a dit lui-même des gens qui conspiraient avec lui : *éternels rebuts des sociétés irrégulières...* »

Le substitut Aulois veut interrompre, mais Gambetta donnant à sa parole plus de véhémence encore :

— « Avec ce personnel, continue-t-il, on sabre depuis des siècles les institutions et les lois. Ecoutez ! voilà dix-sept ans que vous êtes les maîtres absolus de la France, eh bien ! avez-vous jamais osé dire : nous mettons au rang des solennités de la France le 2 Décembre comme anniversaire national !.,. Et cependant tous les régimes qui se sont succédés dans le pays se sont honorés du jour qui les a vus naître. Il n'y a que deux anniversaires, le *18 Brumaire et le 2 Décembre* qui n'ont jamais été mis au rang des solennités d'origine, parce que vous savez que si vous osiez les mettre, la conscience universelle les repousserait. Eh bien ! cet anniversaire, nous le prenons ! Vous avez dit : Nous aviserons ! Nous ne redoutons ni vos menaces ni vos dédains ; vous pouvez nous frapper, vous ne pouvez ni nous déshonorer ni nous abattre. »

L'avocat impérial se lève et déclare que de telles paroles « vont bien au delà des limites fixées par la défense. » Une lutte s'engage entre ces deux hommes, l'un s'efforçant de parler, l'autre couvrant la voix de son adversaire, lutte inégale, car M. Aulois ne tardait pas à tomber épuisé sur son banc, tandis que Gambetta continuait avec une nouvelle vigueur son admirable plaidoirie : « Il a voulu me fermer la bouche, disait-il au sortir de l'audience en parlant du ministère public, mais *je l'ai submergé* » :

le mot était vrai, car le ministère public avait en quelque sorte disparu sous les flots tumultueux des phrases de M⁰ Gambetta.

Accablé par la chaleur, par la fatigue, par l'émotion, M⁰ Gambetta termine et retombe sur son banc au milieu des applaudissements que le président essaie en vain de réprimer et qui vont se répercutant de la salle dans l'escalier et de l'escalier dans la cour. Les prévenus se jettent alors dans les bras de leur défenseur dont l'éclatant triomphe était, le lendemain, salué par la France entière.

Après lui, MM. Laurier, Leblond et Hubbard, prirent successivement la parole pour Challemel-Lacour, Gaillard, Peyrouton et le tribunal rendit son jugement.

Delécluze fut condamné à 2,000 fr. d'amende, à six mois de prison et interdit pendant le même temps de ses droits civiques : Quentin, Peyrat, Challemel-Lacour, et Duret, furent condamnés chacun à 2,000 fr. d'amende; Gaillard père à 500 fr.; Gaillard fils et Peyrouton, à 150 fr. et un mois de prison. Mais la France qu'avait vivement impressionnée ce procès et qui commençait à devenir mûre pour la démocratie, déclara hautement que « *le seul condamné était l'Empire.* »

Années 1869-1870. — Les événements se précipitent et la catastrophe est prochaine. L'Empire qui se sent agoniser appelle désespérément à son secours tous les palliatifs possibles pour retarder sa dernière heure; il ne recule devant aucune palinodie pour endormir l'opinion publique qu'il sent soulevée contre lui.

Le discours de Napoléon, à l'ouverture de la session

du 18 Janvier, se ressent de ces graves préoccupations :

« La tâche que nous avons entreprise ensemble, dit-il dans son message aux Chambres est ardue. Ce n'est pas, en effet, sans difficulté qu'on fonde sur un sol remué par tant de révolutions un gouvernement assez pénétré des besoins de son époque pour en adopter tous les bienfaits de la liberté, assez fort pour en supporter même les excès………… Les armées de terre et de mer fortement constituées sont sur le pied de paix ; l'effectif maintenu sous les drapeaux n'excède pas celui des régimes antérieurs mais notre armement perfectionné, nos magasins et nos arsenaux remplis, nos réserves exercées, la garde nationale mobile en voie d'organisation, notre flotte transformée, nos places fortes en bon état donnent à notre puissance un développement indispensable.

« Le but constant de mes efforts est atteint ; les ressources militaires de la France sont, désormais, à la hauteur de ses destinées dans le monde. Dans cette situation, nous pouvons proclamer hautement le désir de maintenir la paix : il n'y a point de faiblesse à le dire lorsqu'on est prêt pour la défense de l'honneur et de l'indépendance du pays ! »

Quelle démence ou quel cynisme ! Napoléon se faisait-il illusion, ou voulait-il en imposer à la France et à l'Europe ? Puis il terminait en disant:

— « Bientôt, la nation convoquée dans ses comices sanctionnera la politique que nous avons suivie ; elle proclamera une fois de plus par ses choix, qu'elle ne veut pas de révolution, mais qu'elle veut asseoir les destinées de la France sur l'intime alliance du pouvoir et de la liberté. » *Tragediante ! Comediante !*

Que fit « la nation convoquée dans ses comices » pour les élections de mai ?

Malgré tout le hideux système de propagande mis en jeu par le gouvernement pour ses candidats officiels ; malgré que ni les poursuites ni les entraves, ni les intimidations n'eussent été mesurées aux républicains et à leurs journaux ; malgré les rédacteurs envoyés par le ministre de l'Intérieur à toutes les feuilles officielles achetées ou salariées ; malgré une forte brèche dans les fonds secrets pour gagner à la cause impériale la conscience des électeurs qui voulaient se vendre ; malgré, en un mot, la pression la plus arbitraire dont ait jamais usé un régime despotique, « la nation convoquée dans ses comices » put encore gagner de belles victoires républicaines et l'échec du gouvernement fut le plus éclatant qu'il eût subi jusqu'à ce jour.

Dans la Seine, aucun candidat réactionnaire ne réussit à se faire élire ; en province, outre les premiers sièges gagnés, le scrutin de ballotage nécessitèrent 59 tours, sur lesquels l'opposition eut 33 nominations et de l'ensemble des opérations électorales, il résulta que les gouvernementaux réunirent seulement 4,636,713 voix, contre 3,266,366 donnés aux républicains.

C'était un immense progrès, un pas considérable fait en avant par le parti libéral.

Parmi les nouveaux députés on remarqua surtout Gambetta, élu dans la première circonscription de la Seine et à Marseille, qui se plaça devant ses électeurs, comme le représentant du parti *irréconciliable* avec l'empire ; il opta pour les Bouches-du-Rhône et fut remplacé dans le département de la Seine, par Rochefort qui, à la suite de la publication des *Lanternes* et des condamnations qu'elles lui avaient occasionnées, était devenu une véritable idole pour le peuple parisien.

De cette année date l'apparition des *Blouses blanches*, nom donné à de faux ouvriers revêtus de blouses blanches, payés avec l'argent des fonds secrets et qui simulaient des émeutes ou servaient aux excitations policières. La police, en effet, quand elle arrivait, les laissait s'esquiver prudemment : et les agents pouvaient alors se ruer au hasard sur les soi-disant émeutiers, généralement composés de badauds, de curieux et les frapper de leurs épées ou des casse-tête, dont on les armait pour ces sortes d'expéditions. Ce sont ces mêmes *Blouses blanches* qui, au moment où la guerre allait être déclarée à l'Allemagne, parcoururent tumultueusement les boulevards en criant avec un enthousiasme qu'on leur avait plus ou moins chèrement acheté : « A Berlin ! à Berlin ! »

Lorsque s'ouvrit la session de Novembre, les embarras, les craintes de l'Empereur furent beaucoup plus visibles encore qu'en janvier.

« La France, dit-il, veut la liberté, mais la liberté avec l'ordre. — L'ordre, j'en réponds. Aidez-moi, Messieurs, à sauver la liberté. »

C'était là le cri suprême, l'appel désespéré du mourant !

Devant cette situation critique le ministère donna sa démission, et, le 28 décembre, le *Journal Officiel* (l'ancien *Moniteur*) publiait une lettre de l'Empereur priant M. Emile Ollivier de lui désigner les personnes, pouvant former un cabinet homogène, décidé qu'il était d'appliquer dans sa lettre comme dans son esprit, le Sénatus-Consulte du 8 septembre 1869 portant que le corps législatif partageait avec l'Empereur l'initiative des lois ; qu'il nommait son président et ses secrétaires ; que les ministres étaient responsables ; que le Sénat pouvait s'opposer à la promulgation d'une loi et qu'il nommait son bureau. En outre, aux termes de ce même sénatus-consulte, les droits d'interpellation et d'amendement étaient débarrassés des principales entraves qui les gênaient, le budget devait être, à l'avenir, voté par chapitres et articles, les traités des douanes et de poste devaient être sanctionnés par une loi et les rapports constitutionnels entre l'Empereur et les deux assemblées ne pouvaient être modifiés que par un nouveau Sénatus-Consulte.

Ce fameux cabinet Ollivier, — cabinet soi-disant libéral et l'une des plus grandes mystifications de l'Empire, — ne fut constitué que le 2 janvier. — Il était ainsi composé : à la Justice, Ollivier ; aux affaires étrangères, Daru ; à l'Intérieur, Chevandier de Valdrôme ; aux finances, Buffet ; à l'Instruction publique, Ségris ; à l'agriculture et au commerce, Louvet ; aux travaux publics, Talhouët ; à la guerre, Lebœuf ; à la marine, Rigault de Genouilly ; aux Beaux-Arts (nouveau-ministère), Maurice Richard.

Emile Ollivier promettant *l'Empire libéral* (?) et développant le programme du cabinet, dans la séance du 10 janvier 1870, s'attira cette verte réponse de Gambetta :

« Il n'est pas exact qu'entre nous et le gouvernement il n'y ait qu'une question de mesure : il y a une question de principe. Donc si, pour fonder la liberté vous comptez sur notre concours, vous ne le rencontrerez jamais... Vous avez invoqué le suffrage universel le déclarant la base et l'ordre social de la liberté : nous l'admettons, mais, à nos yeux, le suffrage universel n'est pas compatible avec la forme de gouvernement que vous préconisez... Je reste et je resterai constitutionnel en démontrant, jour à jour, qu'entre la forme aujourd'hui dominante et le suffrage universel, il y a inconciliabilité absolue. Cela ne veut pas dire que ne pouvant avoir satisfaction dans cette enceinte, je chercherai en dehors l'appui de la force. Non ! je crois que c'est à la lumière de cette tribune que se formera le progrès de l'évidence, la majorité qui vous succèdera et qui tirera les conclusions indiquées par la logique ; pour nous, vous n'êtes qu'un pont, et ce pont, nous le passons ».

Né le lendemain de l'affaire Troppmann le ministère précédait de peu de jours le sanglant drame d'Auteuil.

LE DRAME D'AUTEUIL. — Le 10 janvier 1870, vers quatre heures de l'après-midi, le bruit se répandait dans Paris que le prince Bonaparte (Pierre) demeurant à Auteuil, avait, après une altercation des plus vives, tué d'un coup de revolver l'un des rédacteurs de la *Marseillaise*, M. Yvan Salmon, plus connu sous le nom de Victor Noir. Le lendemain, à la première heure, le journal la *Mar-*

seillaise, encadré d'un large filet de deuil était dans toutes les mains, sous ces deux titres : *Assassinat commis par le prince Pierre Bonaparte sur le citoyen Victor Noir : Tentative d'assassinat commis par le prince Pierre Bonaparte sur le citoyen Ulrich de Fonvielle,* le journal contenait : 1° Un appel au peuple, signé Rochefort; cet article donna lieu à des poursuites qui firent condamner le député-journaliste à six mois de prison; 2° Une déclaration d'Ulrich de Fonvielle qui fut reproduite dans l'acte d'accusation lorsque se déroula le procès.

Voici en peu de mots, les motifs qui avaient amené à Auteuil Victor Noir et Ulrich de Fonvielle.

A la suite d'une violente polémique qui s'était engagée dans l'*Avenir de la Corse* entre Pierre Bonaparte et la *Revanche,* journal de Bastia, Paschal Grousset représentant à Paris de cette dernière feuille, écrivit à Noir et de Fonvielle, une lettre ainsi conçue :

« Voici, mes chers amis, un article récemment publié par *l'Avenir de la Corse,* avec la signature du prince Bonaparte, où se trouvent à l'adresse des rédacteurs de la *Revanche,* journal démocratique de la Corse, les insultes les plus grossières. Je vous prie, mes chers amis, de vouloir bien vous présenter, en mon nom, chez M. Pierre Bonaparte et de lui demander la réparation qu'aucun homme d'honneur ne peut refuser dans ces circonstances. »

A une heure de l'après-midi, le 10 janvier, Noir et Forvielle se présentaient chez le Prince et lui remettaient cette lettre. Quelques instants après, Victor Noir frappé mortellement au cœur par une balle, venait tomber dans la rue, devant la maison qu'habitait à Auteuil le prince Pierre.

Le cadavre fut transporté dans la modeste chambre que Noir occupait à Neuilly, place du marché, et le 12 janvier eurent lieu ses funérailles civiles.

« Citoyens, dit Ulrich de Fonvielle : sur le bord de la tombe, en présence de tous, je jure que Victor Noir a été lâchement assassiné par un Bonaparte. Sans raison, sans motif, sans provocation de sa part, il a été froidement tué devant mes yeux. Mais, attendons l'expiation ! — Si nous n'obtenons rien de la justice impériale, nous aurons alors recours à la justice du peuple. Victor Noir, mon ami, mon frère, toi qui as arrosé de ton sang la demeure d'un prince pour la sainte cause de la Liberté, de la République, je te vengerai, nous te vengerons ! »

Cet assassinat, dès qu'il fut connu dans Paris, avait causé une émotion et une indignation profondes : aussi, le soir même, une note, émanée du ministère, était-elle adressée à tous les journaux, annonçant « que le prince était arrêté et qu'une instruction judiciaire allait commencer. »

Cette communication ne paraissait avoir été faite que pour calmer l'opinion publique justement surexcitée. Le 21 mars, en effet, une *haute cour de justice* (?) siégeant à Tours, et dont chaque membre, — juges et jurés — avait été soigneusement choisi par l'empereur, acquittait le prince Bonaparte.

Telle fut l'issue de ce procès que l'histoire doit transmettre à la postérité comme un des événements les plus déplorables de ce règne si fertile, cependant, en affaires scandaleuses.

Le Plébiscite. — Un décret convoque pour le 8 mai 1870 tous les électeurs à voter par un *oui* ou un *non* sur cette formule.

Le peuple approuve les réformes libérales, opérées dans la constitution depuis 1860 par l'empereur avec le concours des grands corps de l'Etat.

Napoléon III appuya cette demande de plébiscite d'un manifeste se terminant par cette phrase qui éveilla les justes soupçons de la France démocratique et soucieuse de ses destinées :

— « *En apportant au scrutin un vote affirmatif vous rendrez plus facile dans l'avenir la transmission de la couronne à mon fils.* »

Ces mots révélaient tout le secret du plébiscite.

Napoléon sentant de plus en plus le sol trembler sous ses pieds voulait, d'abord étayer son trône chancelant et, ensuite, assurer la couronne à son fils. C'était inviter le peuple à voter le perfectionnement d'un crime ; celui du 2 Décembre.

Grâce à une pression des plus énergiques, des plus scandaleuses, 7,336,434 *oui* se déclarèrent pour la conservation de l'Empire ; 1,560,700 *non* en demandèrent le renversement. Ces chiffres si favorables au premier abord ne manquèrent pas de provoquer, en haut lieu, des réflexions sérieuses. La cause impériale avait perdu bon nombre de voix depuis le dernier plébiciste, et, en outre, les victoires républicaines, aux élections, étaient allées — nous l'avons vu, — s'accentuant de plus en plus.

— « Si l'auteur du Coup d'Etat, écrivit à ce propos Victor Hugo, tient absolument à nous adresser une question nous ne lui reconnaissons que le droit de nous poser celle ci :

Dois-je quitter les Tuileries pour me mettre à la disposition de la justice ?

CHAPITRE V

GUERRE FRANCO PRUSSIENNE

> « Tâchez, mon cher comte, tâchez de combattre le général français, car pour le soldat de cette nation n'espérez pas le vaincre. »
> (Le prince Eugène au comte de Mercy 1734).

ETTE guerre fut, certes, la plus désastreuse, la plus sanglante, la plus ruineuse que jamais la France ait soutenu : la guerre de Cent ans fut plus longue, plus cruelle sans doute, mais au moins, nous recouvrions nos provinces perdues, tandis qu'en 1871 nous fûmes obligés d'abandonner à l'ennemi l'une des plus riches portions de notre territoire.

On connaît les motifs qui décidèrent de cette invasion : ils se trouvent résumés dans la note remise le

19 juillet 1870 au gouvernement du roi Guillaume par notre chargé d'affaires à Berlin, M. Lesourd.

« Le soussigné, chargé d'affaires de France, se conformant aux ordres de son gouvernement a l'honneur de porter la communication suivante à la connaissance de son Excellence M. le Ministre des affaires étrangères de sa Majesté le roi de Prusse.

« Le gouvernement de S. M. l'Empereur des Français, ne pouvant considérer le plan d'élever, sur le trône d'Espagne un prince prussien que comme une entreprise dirigée contre la sûreté territoriale de la France, s'est vu placé dans la nécessité de demander à sa Majesté le roi de Prusse l'assurance qu'une pareille combinaison ne pourrait pas se réaliser de son consentement

« Comme S. M. le roi de Prusse a refusé de donner cette assurance et que, au contraire, il a déclaré à l'ambassadeur de S. M. l'Empereur des Français que, pour cette éventualité comme pour toute autre, il entendait se réserver la possibilité de consulter les circonstances, le gouvernement impérial a dû voir dans cette déclaration du roi une arrière-pensée menaçant la France ainsi que l'équilibre européen. Cette déclaration s'est aggravée encore par la notification faite au cabinet du refus de recevoir l'ambassadeur de l'Empereur et d'entrer avec lui dans de nouvelles explications.

« En conséquence, le gouvernement français a jugé qu'il avait le devoir de pourvoir sans retard à la défense de sa dignité et de ses intérêts lésés et, décidé à prendre dans ce but toutes les mesures commandées par la situation qui lui est créée, il se considère, dès à présent, comme en état de guerre avec la Prusse. »

Quel motif poussait donc l'Empereur à vouloir cette guerre ? Les besoins dynastiques ! « Pour nous, écrivait impudemment dans le *Pays*, M. G. de Cassagnac, pour nous la guerre est *impérieusement* réclamée par les intérêts de la France et par les *besoins de la dynastie* ! »

Ainsi, le souci de l'Empereur pour sa dynastie, nous a coûté des milliers de morts, près de huit milliards et la perte de deux magnifiques provinces !

C'est pour assurer la succession de son trône à son fils que l'Empereur, malade à cette époque et sinistrement conseillé par l'Impératrice, déchaînait sur la France cette terrible invasion étrangère !

Le 1er juillet 1870, en effet, — la date est précise, — quelques médecins furent consultés sur la santé de Napoléon. Cette consultation, signée notamment par le docteur C. Sée, établissait que « Sa Majesté avait un calcul dans la vessie et qu'il était nécessaire de l'extraire. »

M. Sée remit cette consultation entre les mains du docteur Conneau, médecin particulier de l'empereur, qui la communiqua tout aussitôt au docteur Nélaton, le priant de faire le nécessaire pour guérir le malade. Nélaton, ne se souciant guère de faire cette même opération qu'il avait pratiquée sur le maréchal Niel qui en était mort, tourna le dos au pauvre Conneau.

L'Impératrice fut mise dans la confidence : « *Que vou-*

lez-vous, dit-elle philosophiquement, *le vin est tiré, il faut le boire !* »

Ce vin tiré c'était la guerre que l'Impératrice avait tant désirée, c'était l'invasion, les désastres qu'elle traîne à sa suite, nos armées sacrifiées, massacrées, nos finances épuisées, et l'une des plus riches parties de notre territoire cédée..... momentanément à la Prusse.

Napoléon était donc miné par la maladie lorsqu'il se mit à la tête des troupes.

Le 2 août, à la bataille de Sarrebrück, le général Lebrun s'aperçut que l'Empereur ne pouvait descendre de cheval, restant cloué en selle par la douleur. Après la journée de Wœrth, le maréchal Lebœuf dit à Napoléon qu'un grand effort, un effort désespéré, était nécessaire pour relever le moral des troupes découragées : « Ma santé, répondit le souverain, ne me permet pas d'aller plus loin et pourtant l'intérêt de ma dynastie m'oblige à ne pas me démettre de mon commandement. »

Quelle était la situation des deux puissances au moment où s'ouvrit la guerre ?

L'Allemagne s'y préparait de longue date et, depuis l'écrasement de l'Autriche à la bataille de Sadowa, chacune de ses actions, chacun de ses actes avaient eu pour but cette invasion depuis longtemps résolue et préparée ; elle n'avait d'ailleurs réduit l'Autriche à l'impuissance, dans cette fameuse journée de Sadowa, que pour réaliser plus sûrement ses audacieux rêves de conquêtes et, disons le mot, de *Pangermanisme* ». Admirablement servie par un espionnage incessant, elle connaissait mieux que nous l'effectif de notre armée ; elle la savait énervée, corrompue par dix-huit années de despotisme, elle savait notre intendance désorganisée, dépourvue de ressources et nos arsenaux vides.

En outre, les yeux constamment fixés sur « *l'éternel ennemi* », elle s'exaltait au souvenir d'Iéna ; partout, en Allemagne, on chantait : *Hurra ! germania ! guerre aux Welches !* On nous traitait de loups et de chacals avec les poètes nationaux ; de bandits, d'épuisés, de lâches avec les historiens, les Sybel, les Mommsen qui s'applatissaient cependant devant l'Empereur et ne tarissaient pas d'éloges hypocrites, railleurs, sur cette fameuse compilation de la *Vie de César*.

Notre voisine ressemblait à une gigantesque caserne.

« On rencontre dans toutes les gares d'Allemagne, — écrivait en 1867 Rochefort dans une de ses chroniques, — des hommes de tous les âges, vêtus de tuniques couleur cataplasme et coiffés de bonnets de drap. Ce sont des soldats qui gagnent leurs foyers... Dans le wagon où nous étions installés entra, quelques heures avant Cologne, un de ces honnêtes fantassins de la landwehr, qui ont quitté leurs boutiques à seule fin d'aller se faire tuer pour le roi de Prusse.

« Que pense-t-on, dans votre armée, de votre fameux comte de Bismarck », lui dis-je en m'apercevant qu'il articulait le français.

« Ah ! monsieur, me répondit-il, c'est notre Dieu !... »

« Quand nous sommes arrivés à Francfort nous avons

trouvé le général prussien Manteuffel en train de passer une revue. On leur fait faire des manœuvres tous les matins, nous dit notre hôtelier du ton le plus naturel ; d'abord pour effrayer la ville et ensuite parce que ce sont là ces régiments qui sont destinés *à marcher un jour sur Paris.* — Je crois, du reste, que dans le pays on ne serait pas fâché de voir les Prussiens marcher sur Paris. Tous les hôtels sont criblés de militaires plus ou moins gradés. Un instant nous avons cru qu'on allait en fourrer dans nos malles... »

Cette attitude de l'Allemagne, ce déploiement inusité de forces militaires ne laissaient pas que de préoccuper en France les esprits sérieux et soucieux de l'avenir. M. Thiers, à l'occasion du projet de loi sur le contingent militaire, la veille même de Sadowa, avait, à la tribune du Corps Législatif, le 3 mai 1866, prononcé ces paroles prophétiques.

« Si la guerre est heureuse à la Prusse, elle s'emparera de quelques-uns des Etats allemands du Nord et ceux dont elle ne s'emparera pas elle les placera dans une Diète qui sera sous son influence. *(Voix nombreuses : c'est cela.)* — Elle aura donc une partie des Allemands sous son autorité directe, et l'autre sous son autorité indirecte ; et puis, on admettra l'Autriche comme protégée dans ce nouvel ordre de choses.

— « Et alors, permettez-moi de vous le dire, on verra refaire un grand empire germanique, cet empire de Charles-Quint qui résidait autrefois à Vienne et qui résiderait maintenant à Berlin ; qui serait bien près de notre frontière qui la presserait, qui la serrerait...

— « Vous ne pouvez approuver cette politique. Lors même qu'elle vous apporterait un accroissement de territoire quelconque, cette politique n'en deviendrait que plus honteuse, car elle aurait consenti à recevoir un salaire pour la grandeur de la France *indignement compromise dans un avenir prochain.* »

Et Jules Favre, s'associant aux paroles de M. Thiers, avait, dans la même séance, montré la Prusse pouvant armer un jour 800,000 hommes contre nous. — « Ce ne sera pas de sitôt ! » s'était écrié M. Geiger, un des plus aveugles membres de la complaisante majorité gouvernementale.

Le 7 décembre 1866, le général Ducrot, commandant alors la division de Strasbourg, écrivait au général Trochu cette intéressante lettre, trouvée dans les papiers des Tuileries :

« ... A moins de n'y pas voir, il n'est pas permis de douter que la guerre éclatera au premier jour. Avec notre stupide vanité, notre folle présomption, nous croyons qu'il nous sera permis de choisir notre jour et notre heure...

— « En vérité, je suis de ton avis et je commence à croire que notre gouvernement est frappé de démence... Voici un nouveau détail sur lequel j'appelle ton attention, parce qu'il est de nature à faire ouvrir les yeux aux moins clairvoyants.

— « Depuis quelque temps, de nombreux agents prussiens parcourent nos départements de la frontière, particulièrement la partie comprise entre la Moselle et les Vosges; ils sondent l'esprit des populations. Ce sont bien les fils et les petits fils de ces mêmes hommes qui, en 1815, envoyaient de nombreuses députations au quartier général ennemi pour demander que l'Alsace fît retour à la patrie allemande. C'est un fait bon à noter, car il peut être, avec raison, considéré comme ayant pour but d'éclairer les plans de la campagne de l'ennemi. Les Prussiens ont procédé de la même façon en Bohême et en Silésie, trois mois avant l'ouverture des hostilités contre l'Autriche. »

Le 9 avril 1868 ce rapport très explicite était adressé, de Forbach, par le capitaine Samuel au Ministre de la guerre.

— « Depuis lundi je suis le général de Moltke qui visite la frontière de France et étudie nos positions.

— « Lundi je l'ai rejoint à Mayence.

— « Mardi il s'est arrêté à Birkenfield et a pris des notes sur les hauteurs près des ruines du vieux château; il a couché le même jour à Sarrebruck; il y a pris des positions de défense à la gare et au canal.

« Hier il était à Sarrelouis, où il se trouve encore.

— « Ce matin, malgré le mauvais temps, il est sorti en voiture pour visiter les hauteurs environnantes de Vendevange et de Bérus.

— « Je suppose, d'après des informations, qu'il se rendra ce soir ou demain à Trèves et qu'il descendra la Moselle.

« Faut il le suivre ? »

— « Suivez-le, » télégraphia laconiquement le Ministre de la guerre. »

Mais, pendant qu'à Berlin on expérimentait les canons Krüpp, que le roi travaillait *tous les jours* avec son ministre de la guerre, M. de Moltke et ses meilleurs généraux à perfectionner l'organisation militaire de l'armée prussienne ; pendant qu'aux états-majors des corps d'armée, dans les diverses armes ou administrations, fonctionnaient des commissions composées d'officiers ayant fait la guerre, étudiant toutes choses en vue de profiter de l'expérience acquise en 1866, à Compiègne, on faisait de l'archéologie et l'on organisait des tableaux vivants. L'Empereur ordonnait des fouilles dans les forêts pour y rechercher des ruines romaines. Un magistrat du tribunal, archéologue fantaisiste, était chargé de les diriger. De son côté, l'Impératrice croyant donner une preuve éclatante de son tempérament d'artiste, de ses goûts éclairés, activait à coups de millions la restauration du château de Pierrefonds pour la plus grande gloire de l'architecte Viollet-Le-Duc et le grand dommage des intérêts de Compiègne. Mais quelles fêtes on organiserait dans la galerie des preux ! Comme ce serait amusant d'admirer dans ces salles gigantesques Rouher et Lavalette en chevaliers de la Table-Ronde, d'y entendre Bazaine et Lebœuf crier : « Montjoie et Saint-Denis ! » On se proposait de remettre à la mode tous les souvenirs du moyen-âge et de renouveler toutes les splendeurs de la renaissance. Les dames et damoiselles armeraient les chevaliers et l'on verrait « en la salle, en la Chambre, en la Cour, chevaliers et écuyers d'honneur, aller et marcher, parler de combats et d'amour ; car tous dans le palais, chevaliers et varlets, devaient avoir leur dame et leur mie. »

« *Bruits es chans et joie à l'ostel.* »

Telle semblait être alors la devise de la cour impériale en attendant l'arrivée de ces chevaliers en uniforme prussien qui, eux aussi, hideux mélange de superstition gothique et de moderne mensonge, devaient nous rappeler le moyen-âge avec tous ses crimes, avec toutes ses violences.

La séance du Corps Législatif, dans laquelle l'Empereur signifia que la guerre allait être, sous peu de jours et définitivement déclarée à la Prusse, fut des plus émouvantes. Jamais la majorité ne s'était montrée plus insolente, plus grossière envers les membres de la minorité républicaine qui, comme M. Thiers, faisaient entrevoir courageusement à la France l'abîme où allaient s'engouffrer sa gloire et sa prospérité ; jamais ces plats valets de l'Empire ne mirent plus à nu leur absence complète de patriotisme.

« Gardez vos leçons, monsieur Thiers, nous les récusons ! » s'écria M. Jérôme David.

M. Thiers. — « Offensez-moi ! Insultez-moi ! Soit ! Je suis prêt à tout subir pour défendre le sang de mes concitoyens que vous êtes prêts à verser si imprudemment... Lorsque je vois que cédant à vos passions vous ne voulez pas prendre un instant de réflexion, que vous ne voulez pas demander la communication des dépêches sur lesquelles votre jugement pourrait s'appuyer, je dis, Messieurs, permettez moi cette expression, que vous ne remplissez pas dans toute leur étendue les devoirs qui vous sont imposés. Il est bien imprudent de laisser soupçonner au pays que c'est une résolution de parti que vous prenez aujourd'hui...

M. Dugué de la Fauconnerie. — « C'est vous, qui n'êtes qu'un parti ; nous sommes la nation, nous sommes 270 ! »

M. Thiers. « La Chambre fera ce qu'elle voudra ; je m'attends même à ce qu'elle va faire, mais je décline, quant à moi, la déclaration d'une guerre aussi peu justifiée. »

Par ses applaudissements toute la gauche s'associait à ces paroles d'une clairvoyance si profonde, si patriotique, et M. Emile Ollivier les combattait par cette déclaration qui restera tristement célèbre.

M. Ollivier. « De ce jour commence pour les ministres, mes collègues et pour moi une grande responsabilité (*oui à gauche*). — Nous l'acceptons le CŒUR LÉGER. (*Vives protestations à gauche*).

M. Boduin. — « Dites attristé !

M. Esquiros. « Vous avez le cœur léger et le sang des Nations va couler.

M. Ollivier. « Oui, d'un cœur léger et n'équivoquez pas sur cette parole, et ne croyez pas que je veuille dire avec joie ; je vous ai dit moi-même mon chagrin d'être condamné à la guerre. Je veux dire d'un cœur que le remords n'alourdit pas, d'un cœur confiant, parce que la guerre que nous faisons, nous la subissons.

M. Arago. — « Vous la faites !... »

C'est dans cette même séance qu'à cette question : « *Sommes-nous prêts ?* » le général Lebœuf fit cette mémorable réponse : « Jusqu'aux derniers boutons de guêtre ! »

Hélas ! comment étions-nous prêts, même jusqu'aux derniers boutons de guêtre ?

Aucun plan de campagne n'était définitivement arrêté ; — écrit le général Ambert, dans son intéressant ouvrage : *l'Invasion* on supposait que l'entourage militaire de l'empereur ferait franchir le Rhin à Maxant par un corps d'armée sous les ordres de Mac-Mahon qui se serait jeté sur Wurtzbourg pour séparer de la Prusse l'Allemagne du Sud et l'obliger à la neutralité. Il eût alors été possible de battre les troupes pendant leur mobilisation et d'entraîner ainsi, dans notre alliance, l'Autriche et l'Italie. En même temps, les Français auraient marché sur Mayence et Coblentz pour disperser les corps prussiens qui se réunissaient. La flotte aurait jeté un corps de débarquement sur les côtes de la Baltique. On espérait que la Baltique et le Wurtemberg conserveraient leur neutralité.

Ce plan eût peut-être réussi si le Chef avait été jeune, ardent, enthousiasmé. L'occasion fut perdue. Notre armée était divisée en huit corps formés, les uns de quatre divisions d'infanterie, les autres de trois. Tous avaient une division de cavalerie. La garde impériale conservait la réserve, forte de deux divisions de cavalerie et d'une d'infanterie.

Le 1er août les divers corps occupaient les positions suivantes.

1er corps. — Maréchal de Mac-Mahon — 38,000 hommes, 96 canons, 24 mitrailleuses ; — à Strasbourg.

2e corps. — Général Frossard — 28,000 hommes, 72 canons, 18 mitrailleuses ; — à Saint-Avold et à Forbach.

3e corps. Maréchal Bazaine — 42,000 hommes, 96 canons, 24 mitrailleuses ; à Boulay.

4e corps. Général de L'Admirault — 33,500 hommes, 72 canons, 18 mitrailleuses ; — à Thionville.

5e corps. — Général de Failly — 29,000 hommes, 72 canons, 18 mitrailleuses ; — à Sarreguemines et à Bitche.

6e corps. — Maréchal Canrobert — 40,000 hommes, 114 canons, 7 mitrailleuses ; — à Châlons.

7e corps. — Général Félix Douay — 27,000 hommes, 72 canons, 18 mitrailleuses ; — à Belfort.

La garde impériale, général Bourbaki, comptait 23,000 hommes, 60 canons et 12 mitrailleuses : elle était à Metz. La réserve de cavalerie placée à Lunéville comptait trois divisions formant un total de 7,000 cavaliers, 30 canons et 6 mitrailleuses. La réserve de l'artillerie se composait de 96 canons et de 3,500 hommes.

La France allait donc entrer en campagne, ayant sous la main une armée de 272,000 hommes, 780 canons et 144 mitrailleuses, alors que les forces allemandes étaient de 447,000 hommes et de 1,194 canons ; toutes ces forces groupées en trois corps : le premier commandé en chef par le vieux général Steimmetz, le second par le prince Frédéric Charles, le troisième par le prince royal de Prusse. Un quatrième corps sous les ordres du duc de Mecklembourg-Schewerin avait pour mission de protéger les côtes au cas où nous eussions opéré dans la Baltique.

En outre, des réserves avaient été laissées en Allemagne : la première était de 188,000 hommes et de 384 canons ; la seconde, (Landwerh) de 160,000 hommes ; la troisième, (troupes de dépôt) de 226,000 hommes.

L'Allemagne pouvait donc nous opposer successivement UN MILLION VINGT ET UN MILLE HOMMES.

C'est de cette armée que le maréchal Lebœuf avait dit : « *L'armée prussienne n'existe pas, je la nie !* » — Et M. Ollivier avait ajouté : « *Nous soufflerons dessus !* »

Quand il fallut équiper et armer les gardes mobiles, *on ne trouva ni souliers, ni fusils* ; or, six semaines avant la déclaration de guerre, ce même maréchal Lebœuf affirmait l'existence de 1,336,000 fusils se chargeant par la bouche, de 1,349,115 fusils se chargeant par la culasse, et de 2,246,417 paires de souliers ; « toute la troupe et les mobiles étant, en outre, parfaitement équipés, » affirmait-il.

— « Les officiers ont-ils des cartes pour se guider dans ce pays que vous voulez envahir ? » lui demanda un député. — « Certainement, répondit le ministre criminel, tous nos officiers ont les meilleures qui existent, tenez, j'ai la mienne sur moi ! » Et, désignant son épée, il ajouta : « La voilà ! »

Comment étions-nous prêts « jusqu'aux derniers boutons de guêtres ? »

— « Point d'argent dans les caisses des corps d'armée. « Envoyez argent pour faire vivre troupes, » télégraphiait de Bitche, dès le début de la guerre, le général de Failly au ministre. Le maréchal Bazaine : « Nos troupes vivent difficilement. Le sucre et le café sont rares à Metz : faudrait en envoyer. » — Le général Ducrot : « Demain il y aura à peine 50 hommes pour garder le fort de Neuf-Brisach : Fort-Mortier, Schelestadt, la Petite-Pierre, Lichtemberg sont dégarnis. C'est la conséquence des ordres donnés et je ne peux rien faire, n'étant pas autorisé. » — Le général Michel : « Suis arrivé à Belfort, pas trouvé ma brigade, pas trouvé général de division, sais pas où sont mes régiments ! » — Le général commandant la 2e division à Saint-Avold : « N'avons pas une carte de la frontière de France. » — Maréchal Canrobert : « Dans les vingt batteries du 6e corps, il n'y a qu'un vétérinaire : comblez cette lacune. — « Le général commandant la 8e division : « Pourquoi tant de troupes à Lyon, — en envoyer ici. » — Colonel du 1er train d'artillerie à Saint Omer : « Manque 600 selles et 600 brides : formation de cavalerie se trouve arrêtée. » Général de Failly : « Attendons les souliers et les chemises pour les hommes de la réserve : sont en outre arrivés sans tentes. »

Et quelles navrantes dépêches envoyaient, eux aussi, les intendants :

« De Metz, 20 juillet : « N'avons ni café, ni riz, ni eau-de-vie, peu de lard, envoyer un million de rations. » — De Metz, 24 juillet : « N'avons ni infirmiers, ni ouvriers d'administration, ni caissons d'ambulances, ni fours de campagne. » — De Thionville, le 24 juillet : « Le 4e corps n'a ni cantines, ni ambulances, ni voitures d'équipage. — Tout est complétement dégarni. » De Mézières, 25 juillet : « N'avons ni biscuits ni salaison. » — De Sarreguemines, le 25 juillet : « Organisation incomplète, avons besoin de tout. » — De Saint-Cloud, le 26 juillet : « Biscuits et pain manquent à l'armée. » — De Metz, le 27 juillet : « Manquons de biscuits ; » le 28, « N'ai reçu ni un soldat du train, ni un ouvrier d'administration ; » le 29 « manquons de biscuits pour marcher en avant ; avons besoin de tentes-abri, couvertures, bidons, gamelles. Il faudrait des campements pour 5,000 hommes. »

Bornons là ces citations désolantes : car on se sent la rougeur monter au front et le cœur bondir d'indignation en face de tant d'imprévoyance, de tant d'ineptie.

Mais en revanche, pendant que nos corps d'armée manquaient de tout, de fours de campagne et d'ambulances, de lard, de riz et de pain, de tentes-abri, de couvertures, de boulangers et d'infirmiers, Napoléon III réglait minutieusement, à Saint-Cloud, les services de sa table et de sa maison. Il décrétait qu'il y aurait toujours, soit au bivouac, soit pendant les séjours, deux tables l'une « présidée par Sa Majesté, » l'autre par l'adjudant général, que les cantines à bouche formant un total de vingt à vingt-quatre, seraient divisées en deux services, chacun avec maîtres d'hôtel, cuisiniers et aides embrigadés; que les valets de chambre de MM. les aides-de-camp et officiers d'ordonnance auraient une cuisine « indépendante du service de bouche; enfin que les bagages et fourgons de l'empereur seraient escortés par six gendarmes d'escadrons de la garde sous le commandement d'un de ses courriers.

A la veille d'engager la guerre, l'empereur eût pu s'assurer l'alliance de l'Italie, mais à condition que les troupes françaises évacueraient Rome. « *Plutôt une défaite sur le Rhin que l'abandon du pape,* » s'écria-t-il, et c'est ainsi qu'il sacrifia les intérêts de la France à ceux du parti clérical, en repoussant, afin de plaire à sa femme et à Pie IX, un traité d'alliance qui eût peut-être changé la face des événements.

Le 28 juillet, à huit heures du matin, Napoléon en tenue de général de division, montait en wagon, *à la gare des fêtes* (?), située dans le parc de Saint-Cloud; son fils qu'il emmenait avec lui portait l'uniforme de sous-lieutenant; sa maison militaire prit le même train qui, par le chemin de ceinture, rejoignit celui de l'Est. Redoutant sans doute un accueil froid et des manifestations hostiles, l'Empereur n'avait pas osé traverser Paris, qui brisait un à un les anneaux de la sanglante chaîne dont il l'avait si traîtreusement chargé.

Affaire de Sarrebrück. — Les hostilités s'ouvrirent du 26 au 28 juillet, près de Niederbronn, de Sarreguemines et de Volckingen, par trois escarmouches sans importance. Le 30 juillet, l'Empereur se décidait à prendre l'offensive ; Frossard reçut l'ordre de franchir la Sarre et de s'emparer de Sarrebrück, dans la matinée du 2 août. Il n'y avait là qu'un bataillon d'infanterie prussienne, trois escadrons de cavalerie et quelques pièces d'artillerie. L'ennemi évacua la position après une assez vive résistance de quelques heures, ayant perdu 2 officiers et 70 soldats. De notre côté, nous avions eu 6 hommes tués et 67 blessés.

L'empereur et le prince impérial avaient assisté à l'engagement sur les hauteurs qui dominent Sarrebrück, circonstance qui nous valut cette ridicule dépêche adressée à l'impératrice et tout aussitôt rendue publique par l'*indiscrétion* (?) du journal le *Gaulois*.

— « Louis vient de recevoir le baptême du feu. Il a été admirable de sang-froid et n'a été nullement impressionné.

— « Une division du général Frossard a pris les hauteurs qui dominent la rive gauche de Sarrebrück.

— « Les Prussiens ont fait une courte résistance.

— « Nous étions en première ligne, mais les balles et les boulets tombaient à nos pieds.

— « Louis a conservé une balle qui est tombée tout près de lui.

— « Il y a des soldats qui pleuraient en le voyant si calme.

— « Nous n'avons eu qu'un officier tué et dix hommes blessés. »

Wissembourg, (2 août). — Le maréchal Mac-Mahon arrivé d'Afrique, pour prendre le commandement du 1er corps trouva une armée incomplète, mal constituée, mal approvisionnée. Il détache en reconnaissance la division du général Douay qui est battu et tué à Wissembourg. L'ennemi entre en France : — l'invasion commence.

Reischoffen, (5 août). — Le maréchal Mac-Mahon est surpris par l'armée prussienne entre Wœrth et Freschwiller. A sept heures s'engagea la bataille de Freschwiller ou de Reischoffen, — ou encore de Wœrth, comme l'appellent les Allemands.

Le combat se termina par un véritable désastre que retardèrent, un instant, les terribles charges demeurées historiques des tirailleurs algériens, des 8e et 9e cuirassiers.

— Ce que nos soldats et leurs chefs déployèrent d'héroïsme dans cette journée est inénarrable. Le maréchal de Mac-Mahon dut se replier sur les Vosges. Sur le champ de bataille restèrent 6,000 Français et les Allemands nous prirent 8,000 prisonniers. En outre, cette victoire leur livrait l'Alsace.

— « L'histoire, dit M. Jules Claretie, n'oubliera jamais ces cuirassiers épiques, dignes fils de ces cuirassiers de la Moskowa, qui, avec Caulaincourt, enlevaient la grande redoute et sabraient les Russes, fiers descendants tous cuirassiers de Milhaud, qui, à Waterloo, offraient leurs poitrines aux balles des *enfants rouges* de Wellington. C'était le 8e et le 9e cuirassiers, de ces hommes de fer, grands et forts, pareils à des géants sur leurs chevaux solides. Il leur fallait traverser le village de Morsbrunn, descendre dans le vallon, se reformer et recharger encore. Dans le village, les Allemands embusqués tirent à bout portant sur la trombe humaine qui passe. Des officiers allemands brûlent des cervelles en étendant du haut de leurs fenêtres des bras armés de revolvers qu'ils déchargent sans danger sur les cavaliers emportés. Au-delà de Morsbrunn, les batteries ennemies couvrent le vallon d'une pluie de fer. Les cuirassiers ont à traverser des houblonnières où leurs sabres et leurs casques s'enchevêtrent Qu'importe. On les voit descendre sur cette terre qui frémit sous les pieds des chevaux. Ils s'engouffrent dans Morsbrunn, ils atteignent le vallon, ils se reforment, ils chargent. Décimés, foudroyés, ils s'élancent encore, et tandis que l'armée s'éloigne, ils donnent, en se faisant tuer, le temps aux vaincus d'éviter la mort. »

Forbach, (6 août). Le général Frossard est battu à Forbach par le général Steinmetz.

Quand il apprit ce désastre, Victor-Emmanuel était dans sa loge, au théâtre du Cirque, avec la princesse de Mirafiore. A peine eut-il fini de parcourir les dépêches qui le racontaient, qu'il sortit en proie à une violente émotion. Rentré au palais Pitti, il se laissa choir dans un fauteuil en s'écriant :

— « F... le pauvre empereur! mais N... de D... je l'ai échappé belle! »

Ce fut toute l'oraison funèbre d'un homme auquel il devait la couronne d'Italie.

L'impératrice Eugénie, elle, fut plus explicite :

— « Le misérable! s'écria-t-elle, le misérable! Il a perdu mon fils et sa dynastie. Il ne lui reste plus qu'à se faire tuer à la tête d'un régiment! »

— On sait comment, plus tard, Napoléon devait se faire tuer à Sedan!

Strasbourg assiégé, (19 août — 28 août 1870). — Le général de Werder assiège Strasbourg que défend courageusement le général Ulrich. Le bombardement de cette malheureuse cité fut horrible et, lorsque le général Ulrich demanda la libre sortie pour les femmes et les enfants, de Werder répondit en faisant pointer ses canons sur les principaux édifices de Strasbourg. Le 29, les Prussiens entraient dans la ville.

Cette cité que les Allemands prétendaient s'attacher, ils avaient commencé par la brûler, par la saccager : — C'est ainsi que *Strasbourg, fille de l'Allemagne,* comme l'appelle une chanson populaire au-delà du Rhin devait être *sauvée !*

— « O Strasbourg ! ô Strasbourg ! — chantaient ces soudards, — ô cité admirablement belle où sont enfermés tant de soldats, où sont emprisonnés aussi, vous l'oubliez, depuis plus de cent ans, notre gloire et notre orgueil.

— « Depuis plus de cent ans, fille de notre cœur, tu te consumes dans les bras du larron français, mais ta douleur cessera bientôt.

— « O Strasbourg ! ô Strasbourg ! la fille de notre cœur, éveille-toi de tes rêves sombres ; ô Strasbourg ! Tu vas être sauvée. »

— Le mysticisme, la poésie mêlée au vandalisme sauvage, voilà bien le caractère allemand.

Bazeilles-Sedan, (31 août — 1-3 septembre 1870). — C'était dans la nuit du 30 août : — Notre 5e corps d'armée mis en lambeaux se repliait sur Sedan en traversant Bazeilles. Jamais spectacle plus déchirant. Le village était rempli de troupes, les rues encombrées de voitures, les équipages de l'empereur disputaient le pas aux caissons d'artillerie.

La nuit se passa au milieu d'un trouble et d'un bruit qui répandaient la terreur.

C'était la voix rauque des conducteurs excitant leurs chevaux brisés de fatigue et embarrassés par cent obstacles ; c'était le fracas des voitures s'enchevêtrant les unes dans les autres ; c'étaient les clameurs des soldats n'avançant qu'avec difficulté et désireux d'en finir.

Enfin, au lever du soleil, nos têtes de colonnes apparaissaient sur les hauteurs de Sedan.

C'était la dernière étape du douloureux calvaire que l'armée de Châlons gravissait depuis le 3 août.

Le 31 août, neuf heures sonnaient à l'horloge de Bazeilles lorsque le canon se fit entendre du côté de Remilly. Von-der-Thann, à la tête du 1er corps bavarois, venait de prendre ses positions sur la rive gauche de la Meuse. Il ouvrait le feu sur nos troupes, le 12e corps campé à l'Est de Bazeilles.

Le général Lebrun fait alors entrer en ligne les mitrailleuses et un terrible duel d'artillerie se livre au-dessus de la gare de Bazeilles et de la prairie si riante encore l'avant-veille. — Pendant ce temps Von-der-Thann poussait son infanterie sur le pont du chemin de fer, en face du village.

Les derniers pelotons du 5e corps venaient de Bazeilles et nos lignes de défense n'étaient pas encore formées. Une centaine de Bavarois montent la grand'route jusqu'à l'embranchement du chemin de fer de Givonne. Les Bavarois se retirent puis reparaissent plus nombreux.

Après s'être prudemment approchés de Bazeilles, ils traversent le village, sombres et silencieux. Leurs regards inquiets interrogent les fenêtres, les ruelles, les cours : ils sont prêts à faire feu. Déjà ils ont dépassé les dernières maisons, lorsqu'arrivent au pas de course les tirailleurs français.

Les Bavarois se mettent à l'abri dans les fossés, derrière les arbres et les maisons. Nos tirailleurs les fusillent, mais des renforts survenant des deux côtés, le combat devient plus vif et une batterie d'artillerie placée sur le Liry, couvre de projectiles le village de Bazeilles.

Une trentaine de blessés cachés dans la maison de Thomas Friquet sont atteints par l'artillerie ennemie.

Les habitants de Bazeilles se tenaient enfermés au plus profond de leurs appartements.

Au milieu de cette grêle de projectiles, Von-der-Thann lançait avec rage ses soldats sur Bazeilles. Bientôt le village tomba au pouvoir de l'ennemi et les rues, les jardins, les cours, les chambres de chaque maison devinrent le théâtre d'horribles mêlées, de scènes ignobles et sanglantes.

Les troupes de la division Grandchamp et l'infanterie de marine du général Vassoigne chargèrent plusieurs fois.

C'était un spectacle admirable, dit un témoin, de voir nos petits soldats intrépides et fort inférieurs en nombre, courir comme des lions sur les ennemis, balayer les régiments et semer, dans les rangs bavarois, le désordre et la mort ; partout où l'Allemand égaré ou fou de terreur se réfugie, il y est forcé ; on se bat corps à corps, on se perce avec la baïonnette, on s'assomme avec la crosse, on se foule aux pieds.

Vers le soir le combat se concentrait dans le bas du village et la lutte devenait acharnée. Enfin les Bavarois repoussés se retiraient par la prairie emportant leurs blessés et leurs morts.

La lutte n'avait duré que quelques heures et Bazeilles n'était plus reconnaissable.

L'air pur y était remplacé par une odeur suffocante ; on respirait l'âcre parfum du sang et de la poudre, les rues étaient jonchées de cadavres, sillonnées par les balles et les obus, les murs menaçaient ruine, les portes et les fenêtres brisées tombaient des maisons.

Dans la nuit du 1er septembre, les Bavarois munis de bottes de paille et de boîtes explosibles entraient dans les maisons et y mettaient le feu : dix sept d'entre elles seulement avaient brûlé pendant la bataille, le reste fut incendié à la main. Cette opération prit trois journées.

Parmi les habitants qui furent massacrés, on cite : Delahage-Simon, Jacquet-Saint-Jean, Remy-Chapellier. Emmanuel Boury, Baptiste, Gustave Henriet, Jules Delahaye dont la femme et les deux enfants furent noyés dans un puits, la famille Vauchelet, le père, la mère et l'enfant ; les deux Haguéry, la veuve Bertholet, la veuve Lequay, Herbulot, Robert-Paris, Grimpoix, Grosjean. Lamotte, Lacroix-Lardenois, Lesuib, etc., etc.

D'horribles orgies, sous des formes différentes, se reproduisirent dans le village. Les ennemis dans ce débordement de fureur, donnèrent cours à leurs passions les plus abominables.

Par respect pour les victimes, il ne nous est pas permis d'insister. Rappelons, toutefois, la sublime défense de la maison Bourgerie immortalisée par l'héroïsme de ses défenseurs et le patriotique tableau de de Neuville : *les Dernières Cartouches !*

C'est le 1er septembre au matin que s'engagea la bataille de Sedan. Le général Mac-Mahon, blessé dès le commencement de l'action, avait dû céder le commande ment au général Ducros qui, bientôt après, était obligé de l'abandonner au général de Wimpffenn.

Notre armée que des forces supérieures mitraillaient, hachaient, broyaient, fut refoulée dans cet entonnoir, au fond duquel est batie la ville.

Il était alors environ deux heures de l'après-midi.

Wimpffenn envoya demander à Napoléon de se mettre à la tête de ses troupes, « *pour tenter une percée à travers les Prussiens.* » L'Empereur qui *déjeunait tranquillement et n'avait pas encore tiré son épée du fourreau*, REFUSA ».

« Réclamez l'armistice » écrivit-il au général en chef. Wimpffenn indigné de cette lâcheté sans exemple continua le combat. Les généraux Marguerite, blessé mortellement, de Gallifet, Ducrot, Lebrun, Lespart et tous les soldats combattirent sous ses ordres héroïquement, ne se lassant pas de faire des prodiges de valeur alors que Napoléon III insistait toujours pour la capitulation. Il fallut, enfin, subir cette honte, toute résistance d'ailleurs, tant les armées prussiennes devenaient d'heure en heure nombreuses, était impossible.

L'empereur écrivit au roi Guillaume.

« *Monsieur mon frère, n'ayant pu mourir au milieu de mes troupes, il ne me reste qu'à remettre mon épée entre les mains de votre majesté.* »

Guillaume répondit :

« *Devant Sedan, le 1er septembre 1870.*
» *Monsieur mon frère,*
» *Tout en regrettant les circonstances dans lesquelles nous nous rencontrons, j'accepte l'épée de Votre Majesté et je vous prie de*

nommer un de vos officiers muni de vos pleins pouvoirs pour négocier la capitulation de l'armée qui s'est bravement battue sous vos ordres.

« *De mon côté, j'ai désigné le général de Moltke à cet effet.*

« *Je suis, de Votre Majesté, le bon frère.*

» Guillaume. »

Une entrevue fut donc décidée : elle eut lieu au château de Bellevue, entre de Moltke, de Bismarck, le général de Blumenthül pour l'Allemagne et les généraux de Wimpffenn, Faure, Castelnau, représentant la France.

Les conditions du vainqueur étaient dures, inacceptables et les négociateurs allaient se retirer, quand, raconte le général Ambert, dans ses intéressants *Récits militaires*, le général Castelnau prit la parole.

— « Je crois l'instant venu, dit-il, de transmettre le message de l'Empereur. Sa Majesté m'a chargé de faire remarquer à Sa Majesté le roi de Prusse qu'il lui avait envoyé son épée sans condition et s'était *personnellement* rendu à sa merci sans condition, mais qu'il n'avait agi ainsi que dans l'espérance que le roi serait touché d'un aussi complet abandon, qu'il saurait l'apprécier et, qu'en cette considération, il voudrait bien accorder à l'armée française une condition plus honorable et telle qu'elle y a droit par son courage.

— « Est ce tout ? » demanda Bismarck.

— « Oui », répondit le général Castelnau.

— « En ce cas, reprit de Moltke, cela ne change rien aux conditions et dites à l'Empereur qu'il obtiendra pour sa personne tout ce qu'il lui plaira de demander. »

« En ce cas, reprit de Wimpffenn, nous recommencerons la bataille. »

— « Soit, général, répliqua de Moltke, mais vous savez que la trêve expire demain à quatre heures du matin et tenez vous pour avisé qu'à quatre heures précises, j'ouvrirai le feu. »

Tous les officiers se tenaient debout. On avait fait demander leurs chevaux. Le silence était glacial et chacun croyait entendre ces mots lugubres.

— « A quatre heures précises, j'ouvrirai le feu » !

— « Pourtant, dit enfin le général de Wimpffenn, je ne puis prendre sur moi, vous le comprenez bien, la responsabilité d'accepter tout seul les conditions de la capitulation. Il faut que je consulte mes collègues, où les trouver maintenant ? Il me sera impossible de vous donner une réponse pour quatre heures. Il est donc indispensable que vous m'accordiez une prolongation de trêve. »

Comme M. de Moltke refusait opiniâtrement, M. de Bismarck se pencha vers lui et murmura quelques mots qui parurent signifier que le roi arriverait à neuf heures et qu'il fallait attendre.

Le colloque à voix basse terminé, le général de Moltke dit au général de Wimpffenn qu'il consentait à lui accorder jusqu'à neuf heures, mais que ce serait la dernière limite.

On sait le reste : la capitulation fut acceptée aux conditions suivantes.

La ville de Sedan était livrée dans son état actuel au roi de Prusse.

L'Empereur était prisonnier.

L'armée française était prisonnière de guerre à l'exception des officiers qui consentiraient à ne pas porter les armes contre l'Allemagne pendant la durée de la campagne.

Tout le matériel de l'armée, drapeaux, canons, munitions, armes de guerre devait être remis immédiatement aux mains des commissaires allemands.

Tel fut le dénouement de la journée du 1er septembre.

Ainsi s'écroulait l'Empire, dans la lâcheté et la trahison !

La trahison, en effet, car le sinistre Empereur avait sacrifié à des considérations dynastiques et personnelles l'intérêt et le salut de la France.

Nous n'en voulons pour preuve qu'un extrait d'une lettre écrite par lui, de son exil de Wilhelmshohe, le 29 octobre 1870, à Sire John Burgone.

— « Mon cher Burgone, lui disait-il, ...j'ai voulu conduire la dernière armée qui nous restait à Paris, *mais des considérations politiques nous ont forcés à faire la marche la plus imprudente et la moins stratégique qui a fini par le désastre de Sedan* »...

— « Ce fut un spectacle inoubliable que l'aspect du champ de bataille, — écrit un témoin — et bien fait pour le graver en traits ineffaçables, rouges comme du sang dans une mémoire française. Partout des canons démontés, des fusils brisés, des sacs éventrés, des tambours crevés, des tas de cervelles ou de chair humaines gisant sur l'herbe, dans les champs de betteraves ou sur les haies des jardins : des cadavres partout, crispés, immobiles, gardant dans la mort l'attitude de la vie et faisant avec leurs poses bizarres, leurs mains exsangues, leur visage d'une pâleur jaune ressembler ce champ de carnage à une campagne peuplée de figures de cire. Les morts frappés par les balles, en effet, conservent encore très souvent la dernière expression, le dernier geste de leur existence. L'un épaule son fusil, l'autre est à genoux visant un ennemi ; d'autres chargent à la baïonnette ; d'autres se cramponnent à des branches d'arbre et restent debouts, les yeux fixés. On les croirait vivants, ils sont froids et raidis. J'en vis un, capitaine du 20ᵉ de ligne, assis au pied d'un arbre, la tête dans ses doigts et tenant encore une lettre froissée dans ses mains crispées. Ce malheureux semblait pleurer Je lui frappai sur l'épaule, il ne bougea pas : il était mort ! »

Il est très difficile d'évaluer les pertes que notre armée subit à Sedan : il est à peu près prouvé que 25,000 hommes furent blessés ou tués ; mais une chose est certaine c'est que 83,000 soldats furent faits prisonniers de guerre. Sur ce nombre il y avait 2,866 officiers de tous grades. En outre Sedan se rendait avec 184 pièces de place, 250 pièces de campagne, 70 mitrailleuses, 12,000 chevaux et un immense matériel de guerre.

Furieux d'être rendus, — *vendus*, disaient ils, — nos pauvres soldats s'en prenaient à leurs armes ; ils hurlaient, enfonçaient les caisses de biscuits, brisaient leurs fusils, glissaient leurs sacs dans les égoûts ou les jetaient dans la Meuse : des officiers brûlaient leurs drapeaux ou les déchiraient. On n'apercevait que les soldats armés de tournevis qui démontaient la culasse mobile de leurs armes et en lançaient au loin les débris. Des artilleurs, fous de rage, silencieusement, enclouaient leurs canons.

Napoléon n'osa point reparaître dans son armée : il lui fallut éviter Sedan et se rendre en Allemagne en longeant les frontières belges. Des hussards noirs prussiens, protégeant sa fuite, escortaient sa voiture dans laquelle mollement étendu, il fumait des cigarettes.

Et, pendant ce temps, les soldats faits prisonniers étaient menés et parqués au bord de la Meuse dans la presqu'île *d'Iges*. C'est dans cet étroit emplacement, justement surnommé par eux le *camp de misère* que les braves combattants de Sedan furent entassés pendant quinze jours, sur un sol marécageux, détrempé par les pluies torrentielles, sans abri, sans couverture, mourant de faim et de froid.

Beaucoup d'entre eux — lisons-nous dans *la Vérité sur Sedan*, par un officier supérieur — furent obligés d'aller demander à la charité des Prussiens un morceau de biscuit. Quelques-uns purent vivre de pommes de terre arrachées dans les champs ; quand cette triste ressource vint à manquer ils tombèrent dans la plus affreuse détresse et il en est qui moururent d'inanition. D'ailleurs, beaucoup de ceux qui, avec un reste de vie encore quittaient le « camp de la misère » devaient périr dans les forteresses allemandes. *Vingt mille* de ces

fortunés ne revirent jamais le sol natal. Et pendant ces effroyables misères, Napoléon III prisonnier à Wilhemshohe, — un des plus beaux et des plus riches châteaux de l'Europe, — continuait à fumer sa cigarette dans les charmants bosquets de sa fastueuse résidence, sans avoir jamais su trouver un mot de pitié pour ses braves soldats qu'hier encore il conduisait à la mort.

La défense nationale (4 *septembre* 1870). — Ce désastre connu, un gouvernement national se constitua tout aussitôt, composé de J. Favre, aux affaires étrangères ; Gambetta, à l'intérieur ; Le Flô, à la guerre ; Fourrichon, à la marine ; Crémieux, à la justice ; Picard, aux finances ; J. Simon, à l'instruction publique et aux cultes ; Dorian, aux travaux publics ; Magnin à l'agriculture et au commerce.

Le « gouvernement de la Défense Nationale » ayant aboli le Sénat et dissous le Corps Législatif adressa cette proclamation à la France.

Français

Le peuple a devancé la Chambre qui hésitait.

« Pour sauver la patrie en danger il a demandé la République.

» — Il a mis ses représentants non au pouvoir mais au péril.

» — La République a vaincu l'invasion en 1792 ; la République est proclamée.

» — La Révolution est faite au nom du salut public. »

Pour la troisième fois, depuis un siècle, la France

perdue par la monarchie se réfugiait dans la République.

Le pays tout entier accueillit avec le même enthousiasme que Paris la Révolution du 4 septembre et tous les bons citoyens, sans distinction d'opinion, s'unirent alors dans un même sentiment de réprobation contre l'Empire et applaudirent avec une égale satisfaction à son effondrement. Ce régime néfaste, en effet, avait tellement révolté les esprits par les malheurs qu'il avait attirés sur la France que personne n'avait pitié de sa chute et que personne n'avait la pensée d'y résister. Ses partisans, eux-mêmes, assistèrent à ce singulier spectacle sans essayer d'y porter remède.

Voici d'ailleurs le témoignage que rendit à l'inévitable et pacifique révolution du 4 septembre l'un des organes les plus graves et les plus autorisés de l'orléanisme : *La Revue des Deux-Mondes.*

« La France est rentrée en possession d'elle-même, sans lutte, sans déchirement, par une sorte de soubresaut de patriotisme et de désespoir devant l'ennemi. Un retour de fortune aurait peut-être pu, tout au plus, suspendre LA GRANDE ET INELUCTABLE EXPIATION ».

Fuite de l'Impératrice. — En voyant le mouvement républicain prendre les proportions formidables d'une révolution, l'impératrice comprenant qu'elle ne serait pas défendue chargea le précepteur du prince impérial, M. Filon, d'envoyer à Maubeuge la fameuse dépêche qui coïncidait si singulièrement avec le nom de celui qui l'expédiait.

« *Filons sur Belgique* ». Signé : Filon ».

Puis, après quelques récriminations contre la France qui avait si généreusement payé ses prodigalités et ses folies, cette étrangère accompagnée de deux étrangers, le chevalier Nigra, ministre d'Italie et M. de Metternich, ambassadeur d'Autriche, — quitta les Tuileries, monta dans un fiacre avec sa lectrice, Mme Le Breton et se réfugia chez son dentiste, le docteur Evans.

Elle ne courait aucun danger, bien qu'on sût qu'elle était une des causes principales de la guerre ; le gouvernement de la Défense aurait, au besoin, protégé son départ ; elle avait à Paris des parents et des amis, mais elle préféra recourir à des moyens romanesques et ce fut encore dans la même compagnie qu'elle gagna Dauville, puis Brigton et Hartings où elle trouva son fils qui l'attendait.

Pendant cette fuite le gouvernement s'installa paisiblement à l'Hôtel-de-Ville, sans aucune résistance de la part des troupes qui gardaient le palais. L'inévitable dénouement était si universellement accepté que, lorsque Gambetta entra dans le cabinet du secrétaire-général, M. Alfred Blanche, lui dit tout simplement :

— « Je vous attendais » !

Entrevue de Ferrière. — Du 6 au 16 septembre, d'infructueuses tentatives furent faites pour la paix. Une entrevue qui n'aboutit pas eut lieu à Ferrières, dans le château de M. de Rothschild, entre J. Favre et le comte de Bismarck.

M. Jules Favre a raconté cette mémorable entrevue dans un rapport dont voici la conclusion.

— « Le comte de Bismarck, dit-il, déclara formellement, au nom de son maître, qu'il ne consentirait à faire la paix que moyennant une cession de territoire. Comme je le pressais vivement sur ces conditions, il m'a répondu nettement que la sécurité de son pays lui commandait de garder le territoire qui la garantissait.

« Il m'a répété plusieurs fois : « Strasbourg est la clef de la maison, je dois l'avoir ».

» Je l'ai invité à être plus explicite encore. Il m'a répondu alors que les deux départements du Bas et du Haut-Rhin, une partie de la Moselle avec Metz, Château-Salins et Soissons, lui étaient indispensables et qu'il ne pouvait y renoncer.

» Après avoir protesté contre des conclusions telles que la France ne pouvait les accepter sans déshonneur, je déclarai que le pays était seul compétent pour se prononcer sur une cession territoriale et je proposai une armistice pour qu'il fût possible de convoquer une Assemblée Nationale. Le comte de Bismarck refusa tout d'abord ; toutefois, après avoir consulté le roi il déclara qu'il consentirait à signer une suspension d'armes, mais à la condition qu'on livrerait pour gage Strasbourg, Toul, Phalsbourg, et, dans le cas où l'Assemblée se réunirait à Paris, un fort dominant la ville, celui du Mont-Valérien, par exemple.

» Devant de pareilles propositions, toute discussion devenait impossible. J'étais, d'ailleurs, à bout de force et je craignais, un instant, de défaillir. Je me retournai pour dévorer les larmes qui m'étouffaient et m'excusant de cette faiblesse involontaire, je pris congé ».

A la suite de ces tentatives de négociation dont le souvenir restera toujours si cruel pour nous, le gouvernement de la Défense Nationale repoussait, à l'unanimité, ces conditions humiliantes que le roi de Prusse imposait pour la signature d'un armistice et déclarait que, d'accord avec le pays, il poursuivrait la résistance à outrance.

Siège de Paris (19 *septembre* 1870, 30 *janvier* 1871). — Paris soutient un siège héroïque qui fait l'admiration du monde entier : le courage, le patriotisme de cette ville qui grandissaient à mesure que les épreuves se prolongeaient, resteront dans l'histoire au-dessus de tout éloge.

Etait-il possible de franchir ce cercle de fer et de feu, dont l'ennemi entourait la vaillante cité? On ne pouvait le savoir que par des attaques réitérées, des sorties : citons les combats de la *Ville-Evrard, d'Avron, du Bourget, de Buzancy.*

Ce siège dura quatre mois et douze jours ; le bombardement un mois entier : mais au milieu de tant de désastres il n'y eut pas un seul jour de découragement.

Un instant Paris faillit manquer de vivres : les rares provisions qui restaient se vendirent alors à des prix fabuleux, une carotte 0 fr. 60 c. ; — un navet, 0 fr. 80 ; — une betterave 4 fr. — ; un chou, 4 fr. — ; un canard, 38 fr. — ; une oie, 85 fr. — ; un lapin, 45 fr. et ainsi de suite. Quant aux chats et aux chiens ils se vendaient en détail dans les restaurants sous forme de gibelotte et de ragoût. — Puis le froid sévissait ; le thermomètre descendait à douze degrés ; il neigeait, un brouillard glacial et persistant couvrait la ville. Des femmes, des enfants, des vieillards attendaient, durant de longues heures sous un ciel inclément par la bise âpre et le froid aigu, le moment d'avoir une chétive ration de viande de cheval, de salaison ou de légumes secs.

Mais qu'importait ? — Paris, cet admirable Paris qui émerveillait alors l'Europe entière ne se décourageait pas. Malgré ses souffrances, ses douleurs, ses angoisses, il s'oubliait, ne voulant songer qu'à la Patrie et souscrivait pour fondre des canons qu'il allait, joyeux et fier, offrir au gouvernement.

Qui pourra jamais dire tout ce qui s'est dépensé d'incomparable héroïsme, de sublime abnégation, dans ce siège, l'un des plus mémorables, les plus glorieux dont l'histoire du monde entier puisse s'enorgueillir?

Si les hordes allemandes avaient compté épouvanter Paris leurs espions durent apprendre à Bismarck et à de Moltke qu'ils s'étaient étrangement trompés. Les premiers obus furent accueillis avec curiosité; dès qu'un obus avait éclaté dans une rue, des gamins à l'affût s'en disputaient les morceaux. Les hommes se portaient aux remparts où une consigne sévère ne laissait circuler que les gardes nationaux de service, et des groupes amoncelés sur les moindres hauteurs semblaient prendre plaisir à entendre le sifflement sinistre des projectiles décrivant leurs trajectoires au-dessus de leur tête. Oui! l'Allemagne a pu nous vaincre, parce que nous eûmes un César et des généraux imbéciles, mais elle ne nous a jamais fait peur!

Mais hélas! il fallut un jour se résigner: plus de bois pour se chauffer, plus de charbon, plus de farine, plus de lait, plus de pain, plus de vivres; aussi la mortalité devenait-elle effrayante: La première semaine il n'était mort que 1,200 personnes, il en mourait près de 4,000 dans la semaine qui devait être la dernière du siège.

Et cependant Paris était toujours impatient d'accomplir des actes héroïques et puisque l'ennemi ne venait pas, qu'ils fussent maudits dans la postérité, ces chefs peureux, indolents ou incapables qui ne les menaient pas aux assiégeants !

On dut enfin demander une armistice ; — mais se dirent avec indignation les Parisiens — ce mot ne signifiait-il pas, capitulation ? Etait-ce donc pour en arriver a ce dénouement qu'ils avaient tant combattu, tant espéré, tant souffert ?

C'est le 26 février que fut signé entre Jules Favre et de Bismarck, l'armistice qui portait cette condition :

« La partie de la ville de Paris, à l'intérieur de l'enceinte, comprise entre la Seine et la rue du faubourg Saint-Honoré et l'avenue des Ternes, sera occupée par les troupes allemandes dont le nombre ne dépassera pas 30,000 hommes. »

Les Prussiens devaient entrer dans Paris le 1er mars.

Ce jour-là, tous les édifices publics furent fermés ainsi que de nombreux magasins sur lesquels on lisait : *Fermé pour cause de deuil national.— Fermé pour cause de deuil public.* »

Des drapeaux noirs flottaient sur toutes les mairies, sur presque toutes les maisons, et les gardes nationaux se tinrent dans leurs quartiers respectifs, chaque guidon portant un nœud de crêpe à la hampe.

A huit heures, les éclaireurs du corps d'occupation, sous les ordres du général de Kammecke, débouchèrent sur le rond-point de l'Etoile, après avoir pris les plus minutieuses précautions contre toutes les attaques possibles. L'entrée du gros des troupes ne se fit que vers trois heures.

Toutes les maisons s'étaient fermées sur le passage des Prussiens.

Quelques rares curieux se portèrent du côté des Champs-Elysées, où quelques femmes, de mœurs plus que légères hâtons-nous de le dire, ne craignirent pas de s'aventurer. Mais plusieurs eurent à s'en repentir : soupçonnées d'avoir souri à l'ennemi, elles furent impitoyablement fouettées.

De l'intérieur des Champs-Elysées, les Prussiens purent voir les statues de la place de la Concorde voilées de noir. Ils n'eurent même pas la satisfaction de défiler sous l'Arc-de-Triomphe de l'Etoile, soigneusement barricadé.

Le soir, Paris revêtit une physionomie étrange, sinistre ; pas une lumière, pas une voiture ; ni fiacre, ni omnibus. On eût dit une ville endormie.

A Tours, réorganisation militaire. — Gambetta qui était enfermé dans Paris, montait en ballon le 7 octobre, et allait rejoindre, à Tours, une partie du gouvernement de la Défense Nationale représenté par MM. Fourrichon, Glais-Bizoin et Crémieux.

L'arrivée de Gambetta à Tours fut bien accueillie par Crémieux, mais elle laissa Glais-Bizoin, méfiant. Heureusement que le tribun, parti de Paris avec une très juste idée de l'incapacité de ses collègues, n'était pas homme à se laisser impressionner ou intimider. Muni de pouvoirs illimités que lui avait donné le gouvernement central, il s'attribua, d'un seul coup, le ministère de l'intérieur et le ministère de la guerre, puis il s'occupa de lever des troupes et d'organiser l'armement : tâche considérable à laquelle ne furent pas inférieurs sa ténacité, son énergie, son patriotisme.

Tout étant à faire il fallut tout créer : plus d'armes, plus de fusils, plus de cavalerie, presque pas d'artillerie, une infanterie disséminée, démoralisée; sans compter la guerre civile dans un grand nombre de départements du Midi qui, ne voulant pas reconnaître le gouvernement de la Défense Nationale, avaient imaginé d'obéir à un commissaire général : Esquiros d'abord, puis Gent.

« Levons-nous en masse, cria Gambetta à la France et mourons plutôt que de subir la honte du démembrement. A travers nos désastres et sous le coup de la mauvaise fortune il nous reste encore le sentiment de l'unité française, l'indivisibilité de la République. Paris cerné, affirme encore son immortelle devise qui sera celle de la France : Vive la Nation, Vive la République indivisible. »

Et la France entière répondit à cet appel suprême de Gambetta; comme un seul homme elle se leva et se fit légion pour marcher poitrine découverte à l'ennemi !

Comment ces armées furent-elles créées ? Comment Gambetta, semblable au héros antique, les fit-il sortir de terre en frappant du pied ? — Par trois moyens principaux.

D'abord un décret du 13 octobre suspendit les règles sur l'avancement, permit des promotions exceptionnelles pour services rendus ou preuves de capacité et autorisa la collation des grades à des personnes étrangères à l'armée, ces grades ne pouvant être conservés après la guerre que par actions d'éclat.

Un second décret, en date du 14, ordonnait de traduire devant un conseil de guerre tout chef de corps ou de détachement qui se serait laissé surprendre par l'ennemi ou se serait engagé sur un point où il ne soupçonnait pas la présence de l'ennemi.

Enfin un troisième décret, promulgué le même jour, divisait les forces militaires en *armée régulière* et en *armée auxiliaire* : celle-ci composée des gardes nationales mobiles ou mobilisées, des corps francs et autres relevant du ministère de la guerre mais non compris dans l'armée régulière. Bien plus, ce décret assujetissait les deux armées au même traitement, autorisait l'emploi des officiers de l'une dans l'autre et déclarait qu'à la fin de la guerre il serait statué sur l'admission dans l'armée régulière des officiers et sous-officiers qui se seraient fait remarquer par leur belle conduite.

En outre quatre grands commandements étaient créés : Celui du Nord confié au général Bourbaki, à Lille ; celui de l'Ouest, au général Fierek, au Mans ; celui du Centre, au général Paihès, à Bourges ; celui de l'Est, au général Cambriel, à Besançon. — En même temps, l'armée de la Loire se reformait au camp de Salbris sous la direction du général d'Aurelles de Paladines.

Mais, à toutes ces nouvelles armées, à tous ces généraux, il fallait des cartes. Aussi, est-ce pour leur en fournir que M. de Freycinet fit installer un atelier de photographie qui du 15 octobre 1870 au 1er février 1871, pouvait livrer plus de 15,000 cartes admirablement faites et, comme en outre, le nerf de la guerre, l'argent allait peut-être manquer d'un jour à l'autre, Gambetta, par l'entremise de Clément Laurier, contractait avec la maison Morgan de Londres un emprunt de 250 millions reconnu national par l'assemblée en 1875. — A la même époque la Prusse, elle aussi, essayait mais vainement, de contracter un emprunt semblable avec cette même Angleterre qui le lui refusait ayant plus de confiance dans le crédit de la France vaincue que dans celui de ses ennemis victorieux.

Et c'est ainsi, qu'en moins de quatre mois, Gambetta parvenait à mettre sur pied, et parfaitement équipée une armée de :

208 bataillons comprenant . .	230,300 hommes.
31 régiments de garde mobile .	111,600 »
Garde nationale mobilisée . . .	180,000 »
54 régiments de cavalerie . . .	32,400 »
Francs-tireurs	30,000 »
En tout	584,300 hommes.

dont la devise put se résumer dans ces énergiques paroles du général d'Aurelles de Paladines :

« Tout soldat qui hésitera devant l'ennemi sera fusillé, si je recule, fusillez-moi ! »

Le même jour que Gambetta arrivait à Tours, Garibaldi venait offrir ses services à la France. La délégation de Tours ne parut pas comprendre ce qu'il y avait de généreux dans l'action de Garibaldi et peu s'en fallut que l'illustre patriote italien, froissé de cette indifférence, ne repartît pour son île de Caprèra. Seul Gambetta fit à Garibaldi l'accueil que méritaient son courage et son amour pour la France. Il lui donna le commandement des francs-tireurs et des corps volontaires dans les Vosges.

Siège de Saint-Quentin (8 octobre 1870). — C'est le 7 octobre au soir, que les Prussiens furent signalés dans les environs de Saint-Quentin, où venait d'arriver comme préfet M. Anatole de La Forge, un patriote.

Le lendemain 8, étant jour de marché, les transactions se firent comme de coutume. Quelques éclaireurs seulement s'avançaient sur la route de Laon pour donner l'éveil au premier danger.

A dix heures, on annonça les Prussiens. Le tocsin sonna aussitôt ; tous les gardes nationaux qui n'étaient pas encore aux barricades, coururent rejoindre leurs compagnons. M. A. De La Forge, les avait déjà précédés. Un revolver d'une main, une épée de l'autre, il enflammait par son exemple, l'ardeur de ces soldats-citoyens.

Quand les premières lignes des Prussiens parurent à 500 mètres de la ville, on commença le feu. L'ennemi riposta par le canon et la fusillade.

De nombreux morts jonchèrent bientôt la route. Il y eut comme un instant d'intimidation parmi ces hommes dont la plupart n'avaient jamais assisté à une bataille. Le préfet se multiplia pour ranimer les courages.

« Allons, au devoir ! » criait-il, et tous retournaient au feu avec une nouvelle ardeur.

Un garde national voyant l'ennemi s'avancer, osa parler de se rendre. M. De La Forge demande à ceux qui l'entourent, ce qu'ils pensent de cette proposition :

« Comment donc ! répondent-ils, voilà seulement qu'on commence à s'échauffer. »

Et la lutte continue, ardente, héroïque.

Les Prussiens ne gagnent plus un pouce de terrain ; découragés, ils cessent le feu, enlèvent précipitamment leurs blessés, et se replient sur Laon en toute vitesse.

Saint-Quentin, pour cette fois, était délivré de l'ennemi. Voilà ce qu'avait pu faire une population patriote dans une ville ouverte, au moment où trop de généraux faiblissaient dans les places fortes, avec des armées nombreuses et aguerries.

Le soir même le préfet, dans une proclamation affichée sur les murs de la ville, remerciait en ces termes les courageux défenseurs au nom de la France.

— « La ville de Saint Quentin a su repousser l'invasion prussienne comme autrefois l'invasion espagnole. Elle a bien mérité de la patrie. »

Hélas ! ce beau succès ne produisit qu'un retard dans l'occupation de la vaillante cité. Le 21 octobre, en effet, des troupes bien plus nombreuses y arrivaient et il fallut se résigner à les subir.

Mais la ville de Saint-Quentin, écrit M. Lorrain à qui nous empruntons ces lignes, n'en avait pas moins donné un magnifique exemple, montrant que pour résister à l'envahisseur il y avait quelque chose de plus fort que les remparts les plus solides et les armes perfectionnées : l'amour de la patrie et le culte de l'indépendance.

Prise d'Orléans (10 octobre 1870). — Le combat s'engagea entre le général Von-der-Thann, à la tête d'un corps de 40,000 hommes, et la brigade française Longuerue qu'appuyaient quelques compagnies de chasseurs. Nos troupes se défendirent vaillamment et se maintinrent longtemps dans leurs positions malgré l'écrasante supériorité de l'ennemi. Le général Ryan qui s'était battu le 6 à Toury accourut avec une division de cavalerie ; mais alors les Prussiens achevèrent de déployer leurs forces, et nos soldats, débordés de toutes parts, durent chercher un refuge dans la forêt d'Orléans abandonnant de nombreux prisonniers aux Bavarois. Le soir même de ce combat, dit d'Artenay, Von-der-Thann poursuivait sa marche sur Orléans, et le lendemain il arrivait au Pont de Piles qui, jeté sur la Creuse, sépare les deux départements de la Vienne et de l'Indre-et-Loire. Sur ce pont a été mise cette inscription : « Ici s'est arrêtée l'armée allemande. »

Le général de la Motterouge n'essaya pas même de barrer le passage à l'ennemi ; il donna l'ordre de battre en retraite vers la Sologne en fixant la Ferté-Saint-Aubin comme point de ralliement.

Ce n'est pourtant qu'après de sanglants efforts que les Allemands purent entrer dans la ville : ils surent, ce jour-là, ce que la victoire leur avait coûtée.

Siège de Châteaudun. (18 octobre). — Dans cette ville héroïque, douze cents hommes environ luttèrent contre plus de cinq mille Prussiens. Ce que fut cette malheu--reuse cité après le siège, le journal officiel de Berlin, le *Staatz anzeigner* se charge de nous l'apprendre :

— « Des murs démolis, des portes renversées, des toits effondrés rendaient les rues presqu'impraticables. L'église elle-même était presqu'entièrement détruite par les obus. Des pâtés de maisons entiers étaient en feu ; l'étendue de l'incendie et la violence d'un orage qui, ce jour-là, poussait les flammes de tous les côtés, rendaient impossible l'idée d'essayer de l'éteindre. C'est à grand peine qu'on put trouver des chambres pour le prince Albrech et les commandants de la division.

— « Pendant l'engagement de la nuit précédente les Français avaient été obligés de négliger leurs blessés dont un grand nombre, restant dans les maisons, furent brûlés vifs. Le 20, à cinq heures du matin, la division prussienne se remit en marche. Les flammes qui émergeaient des ruines étaient si vives qu'il faisait presqu'aussi clair qu'en plein jour. »

La sublime défense de Châteaudun souleva dans toute la France une admiration et une émotion profondes. La délégation de Tours comprit qu'une aussi admirable résistance méritait d'être signalée, et, tout en allouant un premier secours de 100,000 fr. pour venir en aide aux familles ruinées, elle rendait un décret précédé de considérants qui resteront toujours un titre de noblesse pour la vaillante petite ville.

Prise de Dijon. — Le 31 octobre 1870, le général de Werder entra dans Dijon après un combat des plus meurtriers. Il fait de cette ville sa base d'opération.

Capitulation de Metz. — Le 30 octobre, Metz capitulait.

Ce fut une des pages les plus tristes, les plus honteuses de cette période sanglante : honteuse non certes pour la brave armée qui fut la victime de cette trahison et qui venait de prouver d'une manière si éclatante à Gravelotte, à Saint-Privat, qu'elle n'avait pas oublié ses vieilles traditions de gloire et d'héroïsme, mais honteuse pour le chef inepte qui la commandait alors, honteuse pour le pays lui-même, coupable d'avoir confié ses destinées à pareil homme.

Cette cruelle issue d'une lutte de trois mois, cette infâme lâcheté à laquelle tout d'abord, personne ne voulut croire, causa dans toute la France une indignation indescriptible à laquelle succédait une profonde et pénible émotion. Mais elle n'abattit pas notre courage.

Voici comment cette capitulation nous fut officiellement annoncée par la délégation de Tours.

— « Le maréchal Bazaine a trahi.

— « Il s'est fait l'agent de l'homme de Sedan et, au

mépris de l'armée dont il avait la garde, il a livré, sans même essayer un suprême effort, 120,000 combattants, 20,000 blessés, des fusils, des canons, des drapeaux et la plus forte citadelle de France, vierge jusqu'alors, de la souillure de l'étranger.

— « Un tel crime est au-dessous même des châtiments de la justice.

— « Maintenant, Français, mesurez la profondeur de l'abîme où vous a précipité l'Empire.

— « En deux mois, 225,000 hommes ont été livrés à l'ennemi ! »

L'un des historiens les plus impartiaux de cette guerre indique judicieusement le mobile de l'odieuse conduite tenue par Bazaine.

— « *Il voulait devenir l'arbitre des destinées de la France.* »

Rien n'est plus vrai. Dès le 14 septembre, en effet, le maréchal Bazaine pour hâter l'accomplissement de ses sinistres desseins entrait en relations avec les Prussiens, déclarant à leurs généraux « *qu'il ne tenterait plus rien de sérieux.* » Puis il charge les colonels de prévenir les officiers que l'anarchie la plus complète règne à Paris, que Rouen et le Hâvre ont demandé des garnisons prussiennes, que la Patrie *ne veut traiter qu'avec la dynastie déchue* et que la régence sera représentée par lui; il envoie des émissaires à celle qu'il nomme encore « l'impératrice régente » pendant qu'il ne cesse de répéter : « Je ferai fusiller quiconque parlera de capitulation ; il munit de pouvoirs nécessaires à la reddition de Metz son premier aide-de-camp, le général Boyer, qui part secrètement de la ville assiégée, il nourrit les chevaux avec du blé et affaiblit par les privations ses soldats dont il a paralysé l'aguerrissement :

Et c'est ainsi, que froidement, cyniquement, il s'était acheminé vers sa trahison abominable!

Condamné à mort et à la dégradation militaire par le conseil de guerre de Trianon, le 10 décembre 1873 et enfermé, après sa commutation de peine en une détention de vingt années, dans le fort de l'île Marguerite d'où ses gardiens, par ordre supérieur sans doute, le laissèrent s'évader, Bazaine, aujourd'hui, méprisé de tout le monde, vit misérablement en Espagne, obligé très souvent d'avoir recours, pour végéter, à la bourse de ses amis.

COULMIERS (*7 novembre 1870*). — Le général d'Aurelles de Paladine remporte sur les troupes du général Von-der-Thann la victoire de Coulmiers.

« L'armée française, écrit l'un de ceux qui prirent part au combat, marchait sur Baccon. Les Prussiens avaient pris position sur une ligne oblique à la nôtre. Leur front de bataille, presque parallèle à cette longue suite de bois qui de Chungy s'étend jusqu'au-delà de Bucy-Saint-Liphard, s'était déployé sur tout le terrain qui s'offre au regard depuis la ferme de la Renardière, les champs d'Huisseau et les petits bois de Coulmiers jusqu'à Rosière et la campagne qui entoure Gémigny.

» Nous rencontrâmes à Baccon une résistance opiniâtre. Les officiers comprirent qu'il fallait de suite emporter d'assaut ce village, bâti sur un mamelon et changé par l'ennemi en forteresse. L'artillerie tonne, l'assaut est donné : les Prussiens cèdent.

» Là commença notre triomphe. L'armée française reprit, sans désordre et sans hésitation sa marche qui ne fut plus qu'une course victorieuse, faite par des troupes contenues et dociles.

— » De Baccon on se porta sur la Renaudière. L'ennemi reculait toujours, cherchant à nous arrêter par des incendies. Mais M. de Thann se voit vaincu et, vers midi, ne soutient plus la retraite que pour sauver le matériel de son armée, qui gagnait Ormes par la route d'Artenay.

» Bientôt nous nous trouvâmes près de Coulmiers, notre objectif. C'est alors que M. de Thann tente une manœuvre qui, plusieurs fois dans la campagne avait réussi aux Prussiens : il cherche à tourner l'aile gauche de l'armée française. Mais le général d'Aurelles l'avait prévenu et les Prussiens, qu'une de nos divisions tournait à ce moment-là, furent contraints de reculer.

» Les Français attaquèrent alors vigoureusement un bois qui couvre Coulmiers, et que l'ennemi occupait encore.

» Nous sortîmes de cet assaut, victorieux et libres de nous reposer.

» Les Prussiens s'enfuirent à la débandade.

» Voulant achever sa victoire, le général d'Aurelles lança toute sa cavalerie et ses canons les plus légers à la poursuite de l'ennemi. Le lendemain nous n'avions pas encore fini de sabrer l'arrière-garde des fuyards et de ramener des prisonniers. »

Pasques (*20 novembre 1870*). — Les Prussiens sont battus par Garibaldi, à *Pasques*, dans l'Est.

Le lendemain de cette victoire, Garibaldi écrivait à Werder cette lettre très explicite qui ne contribua pas peu à adoucir les mœurs plus que soldatesques du farouche soudard :

— « Général, sachez que votre fils est mon prisonnier. Si désormais il vous prend la fantaisie de faire fusiller un seul de mes francs-tireurs ou de les faire mettre en croix sur les chemins, comme cela est déjà arrivé, soyez certain qu'au premier jour vous recevrez, sur un plat d'argent, la tête de M. votre fils. »

Champigny (*20 novembre 1870*). — Les gardes nationaux et les troupes de Paris commandés en chef par

Ducrot, font une sortie : ils sont vainqueurs à *Champigny*.

Capitulation d'Amiens (*20 novembre 1870*). — Amiens est obligé de capituler, malgré l'énergique défense du général Faidherbe qui est nommé commandant en chef de l'armée du Nord.

Baume-la-Rolande (1ᵉʳ *décembre 1870*). — Les Prussiens défaits par le général Chanzy et surtout par l'amiral Jauréguiberry, se concentrent à Pithiviers où Frédéric-Charles avait son quartier-général.

9 décembre 1870. — La délégation du gouvernement de la Défense Nationale quitte Tours et se transporte à Bordeaux.

Retraite du général Chanzy sur le Mans, (14 *janvier 1871*). — La narration de l'héroïque effort tenté contre la marche des Prussiens sur Paris, par la poignée d'hommes que commandait le général en chef de la deuxième armée de la Loire, dont faisait partie le 4ᵉ bataillon des mobiles des Bouches-du-Rhône, est une glorieuse page détachée de l'histoire de la Défense Nationale en 1870.

» Lorsque l'action commença, écrit un des combattants, nous étions décidés à tenir jusqu'au bout. Le colonel — aujourd'hui général Thierry — un vrai soldat, un brave, nous avait mis à tous le courage au ventre par quelques paroles pleines d'une mâle énergie.

» Après lui, éclata tout à coup, derrière nous, endiablé, irrésistible, l'entraînant refrain de la charge.

» Le jeune bataillon chargea comme une vieille troupe. La première ligne prussienne fut rompue. On vint se heurter au renfort que le prince Charles envoyait au secours de son avant-garde. Un contre cinq, il fallut battre en retraite et se reconstituer à la hâte en tirailleurs. On défendit le terrain pied à pied et l'ennemi, croyant qu'aucune troupe n'aurait osé s'exposer comme nous l'avions fait sans être soutenue par des forces considérables, intimidé, largement entamé, n'osa pas s'avancer trop loin. Nous étions sur nos positions du matin. On se battait depuis trois heures. Les vides étaient nombreux dans les rangs ; les officiers avaient payé comme les autres ; plusieurs étaient blessés, deux étaient morts.

» Les sous-officiers, dont la plupart mettaient une coquetterie dangereuse à vouloir toujours marcher à découvert à la tête de leurs sections, étaient tombés en grand nombre.

» Au bout d'un instant un cri retentit, sonore et vibrant comme un coup de clairon. En avant! et de nouveau les clairons sonnent la charge.

» En avant ! répéta au bout de la ligne un jeune soldat de vingt ans, — je pourrais le nommer mais une balle l'atteignit en plein front et le malheureux tomba face à l'ennemi.

» Puis le désordre de la bataille augmentant, le pauvre bataillon décimé, fit une héroïque trouée et une seconde fois fut repoussé.

» Les compagnies diminuées, privées d'officiers se confondirent ; une petite troupe se reforma et l'on tint toujours et quand un camarade tombait on fouillait dans son sac pour avoir ses cartouches. La cartouche c'est le pain du combat et au milieu de la bataille on oublie tout, on n'a faim que de ce pain-là.

» Quelques renforts arrivent. Le bataillon étant décimé, on lui demande un dernier effort : il le fit.

» Une charge nouvelle commandée par le colonel lui-même nous mena presque aux gueules des canons. Et alors pêle-mêle, mobiles, soldats, chasseurs, disciplinaires, on alla de l'avant, presque chacun pour soi, par petits groupes de tirailleurs ; ici, un officier commande; là, c'est un sergent. On n'a plus qu'un mot d'ordre, celui donné le matin : « Il faut tenir quand même » — et l'on tient.

» Une épouvantable décharge de mitrailleuses nous arrête un instant. La route que l'on traverse est balayée. Le courage a des bornes : on hésite.

» Le colonel presse un moment la déroute ; il jette autour de lui un regard inquiet. Il est à peine entouré d'une cinquantaine d'hommes.

» Les balles pleuvent. Les soldats tombent.

» Il avise un sous-officier de mobiles, un Marseillais, petit-fils du général Ménard Saint-Martin.

» — Sergent, prenez avec vous un homme qui n'ait pas peur et allez voir qui nous tire dessus.

» Un moblot s'avance : le sergent part au pas de course. Une décharge jette bas quelques hommes. Le cheval du colonel, blessé, fait un écart, et le pauvre moblot, tué raide, reste en travers de la route.

« Le sergent passe, trouve les lignes ennemies et revient; un long filet rouge ensanglante sa bayonnette; le colonel est renseigné; ce sont les Prussiens. Nous sommes tournés. La lutte est impossible.

« Le soir le bataillon couchait sur ses positions. Sur cinq cents hommes il en restait cent cinquante, et sur vingt officiers présents le matin, onze étaient hors de combat.

» La nuit même commençait la retraite, et cependant le bataillon avait tenu. »

» — Mais hélas ! la nuit même, et bien que nous eussions tenu héroïquement, la retraite commencait: » — retraite sublime ne faisant pas moins d'honneur à l'habileté de Chanzy qui la conduisit qu'à la patience et au courage de ses soldats, dont la plupart voyaient le feu pour la première fois et qui supportèrent héroïquement les fatigues et les privations rendues plus excessives encore par la température exceptionnellement rigoureuse de l'hiver.

Victoire de Nuits, (*23 décembre 1870*). — Le général Werder et le général Cremer, se livrent une batai près de *Nuits* : nous sommes victorieux.

Pont-Noyelles (*23 décembre 1870*). — Nos soldats, commandés par Faidherbe, restent maîtres du champ de bataille.

Villers-Sexssels (*9 janvier 1871*). — Bourbaki bat le général Werder à Villers-Sexssels, mais le 17 il était vaincu près d'Héricourt. La formidable artillerie prussienne nous avait écrasés.

18 janvier 1871. — *Retraite* de Bourbaki sur Besançon.

21, 22, 23 janvier 1871. — Le général Prussien Kettler cherche à entamer, mais infructueusement, les positions de Garibaldi en avant de Dijon : il est même obligé de battre en retraite, laissant aux mains des Garibaldiens le drapeau d'un régiment de Poméraniens.

Dole évacué. — Le 29 janvier les troupes garibaldiennes forcent les Prussiens à évacuer Dôle. — Un télégramme de Bordeaux leur annonçant l'armistice signée le 28 janvier, les arrête en pleine victoire.

Siège de Belfort, (*novembre 1870. — janvier 1871.*) — Belfort était assiégé depuis trois mois par le général de Treskow : cette place que commandait le colonel Denfert-Rochereau résistait sans faiblir, résistait *quand même*, selon l'immortelle devise de la vaillante cité.

Aucun de ses courageux soldats ne songeait à se rendre, mais l'armistice ayant été proclamée, le gouvernement fut obligé de leur donner l'ordre d'ouvrir aux Allemands les portes de la forteresse. Ces défenseurs héroïques eurent du moins la gloire de sortir de Belfort avec tous les honneurs de la guerre ; cette vaillante cité frontière mérita, après tous nos désastres, de faire encore partie du territoire français.

Belfort, un instant, croyant le moment de la délivrance arrivé s'était abandonné aux transports d'une joie bruyante.

C'était un matin de janvier. Denfert avait envoyé l'ordre suivant à toutes les batteries de la place :

— « Tirez à blanc, jusqu'à la nuit, cinq coups par pièce. »

En effet, on entendait du côté d'Héricourt le canon, les mitrailleuses, les feux des tirailleurs. Les Français ! c'étaient les Français ! Quelle fièvre !

« Le bruit se rapproche, disait-on, les nôtres ne reculent donc pas ! »

On comptait les heures aux battements de son cœur ; et le soir la bataille cessait pour reprendre le lendemain plus furieuse encore, mais sans résultats. Enfin un jour le bruit se répand que les Prussiens enclouent déjà leurs canons. Un bataillon sort aussitôt de Belfort, se porte sur Essert et décime les artilleurs allemands.

Cependant le soir vient et Belfort n'est pas délivré.

Après une nuit d'anxiété le bruit s'éloigne, puis on n'entend plus le canon.

Que se passe-t-il ? Ce ne sont plus que des escarmouches ? Les Français seraient-ils repoussés ?

Hélas ! oui, ils étaient repoussés et c'était la lugubre retraite de Bourbaki qui commençait.

RETRAITE SUR LA SUISSE (1er *février* 1871). — Le général Manteuffel, malgré l'armistice, continue les hostilités et poursuit nos troupes. Commandées par le général Clinchant, elles entrent en Suisse au moment même où Garibaldi, en toute hâte, accourait à leur secours.

Cette entrée, — écrit le général Ambert, — se fit par un étroit chemin creusé entre deux murs de neige : aussitôt qu'il foulait le sol de la Suisse chaque homme jetait sa cartouchière et ses armes sur le bord de la route où elles formèrent pendant plusieurs jours un monticule de deux mètres de haut. Le défilé continua sans interruption pendant 48 heures.

Les premiers qui passèrent étaient des artilleurs avec pièces et caissons, en bon ordre, à pied, à cheval, ou juchés jambes pendantes sur des chariots. Beaux hommes grands et forts, à l'air résolu, au regard doux. A leur poste, à leur rang, les officiers marchaient sérieux et dignes. Tous les regards semblaient dire : « Quel malheur, n'est-ce pas ? avec des canons pareils en être réduits là ! » — Et comme on leur offrait du vin : « Merci, disaient-ils, gardez pour ceux qui nous suivent » !

Le lendemain, d'autres soldats, ceux qui, commandés par le général Billot, avaient vigoureusement soutenu la retraite, entrèrent aussi en bon ordre, marchant d'un pas martial et nerveux ; le sac droit, la tente-abri pliée régulièrement. Mais les autres. Mais la foule !

Qu'on se figure une masse débandée s'engouffrant dans tous les passages praticables, n'ayant plus ni chefs, ni drapeaux, courant au hasard ; puis tout à coup apparaissant par troupeaux de 10,000, de 20,000 hommes dans telle petite ville, les Verrières par exemple, qui ne les attendait pas.

Les chevaux faisaient peine à voir, exténués, traînant

les jambes, allongeant le cou, la tête pendante, glissant à chaque pas, affamés, on les voyait ronger l'écorce des arbres, les cordes des barrières. Ils s'arrachaient l'un à l'autre les crins et les dévoraient. Quantités de chariots étaient restés plusieurs jours attelés et les Prussiens avaient pris tout le fourrage sans s'occuper des chevaux. Aux descentes les malheureuses bêtes s'affaissaient sous les cavaliers ou devant les fourgons ; les canons qui roulaient sur elles les traînaient ainsi jusqu'en bas : on les jetait alors sur les bords du chemin où elles mouraient lentement.

Toutes les routes depuis Héricourt jusqu'au val de Travers étaient couvertes de chevaux morts. Les hommes rôdaient pêle-mêle entre les roues des milliers de chars qui encombraient les voies où roulaient en torrents dans la chaussée du chemin de fer. Les officiers ne cherchaient même pas à maintenir l'ordre : ils marchaient en sabots, en pantoufles, au milieu des soldats sans chaussures qui déchiraient des pans d'habits pour soulager leurs pieds gelés. On enfonçait dans la neige jusqu'aux genoux, on se traînait lentement, le dos courbé, la tête basse, les yeux rougis, les lèvres enflées.

Seize degrés de froid ne permettaient pas la moindre conversation ; puis venaient les malades qui pouvaient à peine se traîner ; on en trouvait mourant aux fossés de la route, la tête sur leur sac et le fusil sur la poitrine. Ce n'était plus une armée, et certes, la fameuse retraite de Russie n'avait pas offert un spectacle aussi lamentable.

On sait avec quel empressement cordial, avec quelle tendresse fraternelle nos troupes furent accueillies en Suisse.

Jamais hospitalité ne fut plus large, plus franche, plus généreuse, et cette petite nation si libérale se créait ainsi un titre impérissable à la gratitude de la France.

Ce fut le triste et dernier acte de cette guerre cruelle qui nous coûtait près de huit milliards, la perte de deux de nos plus riches contrées et tant de milliers de morts !

CHAPITRE VI

LA TROISIÈME RÉPUBLIQUE
NAPOLEON LE DERNIER

Le 16 février 1871, était déposée sur le bureau de l'Assemblée Nationale la proposition de loi suivante signée par sept députés : MM. Dufaure, Grévy, Vitet, de Molleville, Rivet, Mathieu de la Redorte, B. Saint-Hilaire.

— « M. Thiers est nommé chef du pouvoir exécutif de la République française.

« Il en exercera les fonctions sous le contrôle de l'Assemblée Nationale avec le concours des ministres qu'il aura choisis et qu'il présidera ».

Cette proposition fut renvoyée à l'examen d'une commission spéciale de quinze membres, nommés séance tenante.

Le lendemain 17, sur la proposition de M. Victor Lefranc, l'Assemblée adoptait ce projet de loi et deux jours après, le 19, M. Thiers pouvait présenter son ministère ainsi composé :

Justice, Dufaure ; — affaires étrangères, J. Favre ; — intérieur, Picard ; instruction publique, J. Simon, — travaux publics, de Larcy ; — agriculture et commerce, Lambrecht ; — guerre, Leflô ; — marine Pothuau ; — les finances étaient réservées à M. Pouyer-Quertier.

Ministère de conciliation s'il en fût, car l'opinion républicaine était seulement représentée par MM. Favre Picard, Simon et Leflô.

Dans cette même séance du 19, l'Assemblée nomma huit commissions composées chacune de quarante-cinq membres chargées de vérifier l'état actuel de nos diverses administrations et une neuvième commission de quinze membres qui devaient assister les négociateurs du traité de paix sans toutefois pouvoir prendre part aux délibérations.

Mais les trois faits les plus importants qui signalèrent cette période sont : la déchéance de l'Empire, la translation de l'Assemblée à Versailles, la ratification du traité de paix.

Ce traité, dit *traité de Francfort*, fut définitivement signé le 10 mai 1871 après de longues et douloureuses négociations conduites, pour la France, par MM. Thiers et J. Favre. Ceux-ci durent lutter avec un infatigable dévouement pour arracher à l'âpreté germanique quelques lambeaux du territoire qu'elle se proposait de nous enlever. Jules Favre, particulièrement, se trouvait dans la plus cruelle des positions, lui qui avait écrit : « *Pas un pouce de notre territoire, pas une pierre de nos forteresses* ».

Il y a deux parties à distinguer dans ce document politique qui enlevait à la France l'Alsace et une partie de la Lorraine : le traité des préliminaires de paix et le traité définitif. Le premier fut signé le 21 février 1871 et ratifié par l'Assemblée le 1er mai suivant. En voici les clauses principales :

— » 1° La France renonce, en faveur de l'Empire allemand, à tous ses droits et titres sur les territoires situés à l'Est de la frontière et ci-après désignés (— suit la ligne de délimitation).

— » 2° La France paiera à Sa Majesté l'Empereur d'Allemagne, la somme de cinq milliards de francs. — Le paiement d'au moins un milliard se fera dans le courant de l'année 1871 et celui de tout le reste de la dette dans une espace de trois années à partir de la ratification des présentes.

— 3° L'évacuation des territoires français occupés par les troupes allemandes commencera après la ratification du présent traité...

— 5° L'article 5 stipulait que l'entretien des troupes allemandes, jusqu'à complète évacuation, serait à la charge de la France...

— 6° Par l'article 6 le gouvernement prussien s'engageait, après ratification des préliminaires, à rendre les prisonniers français.

La délibération dura six heures, puis l'Assemblée procéda au scrutin. Le traité fut ratifié par 546 voix contre 107.

Restait alors à signer le traité de paix définitif. Les négociateurs français, dans ces circonstances, furent MM. J. Favre, Pouyer-Quertier, de Goulard : ces négociations traînèrent en longueur. Il avait été décidé, en principe, qu'elles auraient lieu à Bruxelles, mais M. de Bismarck, « sous prétexte d'échapper à l'influence des neutres » les transporta à Francfort. C'est ce traité que nous avons dit avoir été signé le 10 mai : il fut ratifié le 18 par l'Assemblée de Versailles, bien qu'il apportât aux préliminaires des modifications qui n'étaient pas à l'avantage de la France.

Voici les noms des principaux députés qui crurent encore possible le salut de la patrie par la guerre : Arago, Berlet, Louis Blanc, Brisson, Chanzy, Chauffour, Clémenceau, Delécluze, Duclerc, Esquiros, Floquet, Greppo, Gambetta, Humbert, Joigneaux, Lockroy, Piat, Quinet, Ranc, Rochefort, Tirard, Scheurer-Ketsner, Schénégans, Varroy, Victor Hugo, etc., etc.

Quand le résultat du scutin fut proclamé, M. Grosjean, au nom des députés d'Alsace-Lorraine, lut cette patriotique déclaration.

« Les représentants de l'Alsace et de la Lorraine ont déposé, avant toute négociation de paix, sur le bureau de l'Assemblée, une déclaration affirmant de la manière la plus formelle leur droit de rester Français.

« Livrés, au mépris de toute justice et par un odieux abus de la force, à la domination de l'étranger, nous avons un dernier devoir à remplir.

« Nous déclarons encore une fois nul et non avenu un pacte qui dispose de nous sans notre consentement.

« La revendication de nos droits reste à jamais ouverte à tous et à chacun dans la forme et dans la mesure que la conscience nous dictera.

« Au moment de quitter cette enceinte où notre dignité ne nous permet plus de siéger et malgré l'amertume de notre douleur, la pensée suprême que nous trouvons au fond des cœurs est une pensée de reconnaissance pour ceux qui, pendant six mois, n'ont pas cessé de nous défendre, et d'inaltérable dévouement à la Patrie dont nous sommes arrachés.

« Nous vous suivrons de nos vœux et nous attendrons, avec une confiance entière dans l'avenir que la France reprenne le cours de sa grande destinée. »

Puis, au milieu d'une émotion générale et profonde, les députés d'Alsace-Lorraine quittèrent l'Assemblée.

— Disons enfin qu'à la séance du 1ᵉʳ février 1871, M. Allain-Targé, au nom de 22 députés, avait lu cette proposition de déchéance ainsi motivée :

« *L'Assemblée Nationale, dans les circonstances dou-*

loureuses que traverse la Patrie, confirme la déchéance de Napoléon III et de sa dynastie, déjà prononcée par le suffrage universel, et le déclare responsable de la ruine de l'invasion et du démembrement de la France. »

Seuls les députés bonapartistes, au nombre de six, osèrent protester contre cette proposition qui, moins ces voix, fut adoptée à l'unanimité.

Se demandaient-ils alors ce qu'avait coûté l'Empire à la France ? calculons !

L'Empereur Napoléon III recevait 25 millions par an plus un million et demi pour sa famille ; soit en tout vingt-six-millions cinq cent mille francs, ce qui représente, *par jour* 72, 602 francs. L'Empereur mangeait donc, *par jour*, le salaire de *trente-six mille trois cent un paysans* ou de *vingt-quatre mille deux cents ouvriers*.

On s'explique à merveille, en face de pareils chiffres, que les bonapartistes regrettent ce bon temps-là ; mais il est permis aux paysans et aux ouvriers d'être d'un autre avis.

Nous devons, en outre, faire remarquer que l'Empereur avait la jouissance de 12 châteaux ou résidences royales dont voici les principaux : les Tuileries, l'Elysée, Saint-Cloud, Meudon, Saint-Germain, Versailles, Compiègne, Fontainebleau, Biarritz.

Voici maintenant un aperçu succinct, mais exact, des appointements de quelques maréchaux et *complaisants* :

Le général Edgard Ney touchait par an . 149,000
Le général Fleury . . . . . . — . 149,000
M. Rouher . . . . — . 188,000
Le général de Goyon . . . . . — . 107,000
Le maréchal Canrobert . . . . — . 200,000
Le maréchal Baraguay-d'Hiliers. . — . 200,000
Le maréchal Bazaine. . . . . . — . 200,000
Le maréchal Regnault de Saint Jean-d'An-
gely . . . . — . 200,000
Le maréchal Mac-Mahon . . . . — . 225,000
Le maréchal Vaillant . . . . . — . 268,000
M. Troplong . . . . — . 356,000

En admettant qu'en moyenne, un paysan gagne 2 fr. par jour et un ouvrier 3 fr., nous allons calculer rapidement ce qu'absorbaient quelques-uns de ces messieurs.

Le maréchal Bazaine, le traître de Metz, touchait 200,000 fr. par an, soit 542 fr. par jour. Il touchait donc, chaque jour, une somme qui aurait pu servir au payement de 272 journées de travail d'un paysan, ou de 181 journées de travail d'un ouvrier.

Quant au fameux Troplong, avec ses 356,000 fr. par an, soit 976 fr. par jour, il absorbait à lui seul le salaire de 488 paysans ou de 326 ouvriers.

On peut se rendre compte, par ce qui précède, de ce que coûtaient l'Empereur et son personnel. C'est beaucoup, mais ce n'est rien, en comparaison des sommes follement dépensées en guerres inutiles ou criminelles. Jugez-en vous-mêmes par cette énumération :

— La guerre de Crimée a coûté, d'après le rapport officiel d'une commission présidée par M. Baroche, *un milliard sept cents millions de francs.*

— La guerre d'Italie a coûté, d'après le *Journal officiel, cinq cent dix-neuf millions, six-cent soixante-sept mille huit cent-soixante-dix-sept francs.*

— La guerre du Mexique (sept années), a coûté, d'après le *Moniteur* du 25 juin 1867 :

en 1861 . . .	3,200,000	francs
en 1862 . . .	53,400,000	—
en 1863 . . .	97,519,000	—
en 1864 . . .	69,074,000	—
en 1865 . . .	41,405,000	—
en 1866 . . .	65,147,000	—
en 1867 . . .	25,310,000	—
Soit en tout .	363,155,000	francs.

Sans compter le milliard pris sur le budget extraordinaire.

Un milliard trois cent soixante-trois millions cent cinquante-cinq mille francs. Voilà le coût d'une guerre, « la plus grande pensée du règne » qui comme celle de Crimée, ne nous a rapporté aucun avantage, mais beaucoup d'ennemis.

Enfin la Syrie, la Chine, la Cochinchine, Mentana ont coûté *six cents millions de francs.*

La funeste guerre de France 1870-71 a coûté :

2,000,000,000 dépenses de guerre.
1,000,000,000 payés par les départements.
5,000,000,000 de rançon.
300,000,000 entretien de troupes.

Au total. 11,300,000,000 francs.

11 milliards trois cents millions de francs !

Les dépenses de guerre de l'empire se sont donc élevées, au plus bas mot, à treize milliards quatre cent vingt-deux millions. — Et on avait dit pourtant : l'Empire c'est la paix.

Bilan de l'Empire.

Liste civile pendant dix-huit ans à 26,500,000	477,000,000
Appointements des maréchaux (à peu près).	
A 2 millions 200,000 fr. par an pendant dix-huit ans.	39,600,000
Guerres de l'Empire.	13,482,000,000
Ce qu'a coûté l'Empire. . . .	13,998,600,000

Treize milliards neuf cent quatre-vingt-dix-huit millions six cent mille francs, plus *soixante-dix millions* dévorés par la famille impériale en dotations et cadeaux ; plus 500,000 soldats tués soit en Crimée, soit en Italie, soit au Mexique ou dans cette cruelle guerre contre l'Allemagne.

Et notre territoire, qu'était-il, à cette époque, alors que s'effondra l'Empire et qu'avons-nous perdu à la suite du traité de Francfort ?

M. Onésime Reclus nous l'apprend dans cette page patriotique de sa « *Géographie de la France.* »

« Avant les défaites de 1870 et 1871, la France était le deux-cent-quarante-sixième de la Terre sans les mers. Nous avions alors, y compris la Corse, près de 55 millions d'hectares, avec 38,192,000 habitants d'après le recensement de 1866, déjà dépassé de quelques centaines de milliers d'âmes.

Aujourd'hui, notre sol n'est plus que de 53,347,900 hectares, avec plus de 38 millions d'hommes. Le traité qui a sanctionné notre déroute nous a ravi le trente-huitième de notre territoire et le vingt-quatrième de nos hommes. On nous a dérobé :

« Un département tout entier, le Bas-Rhin, vaste de 455,000 hectares. Là nous avions la rive gauche du « Nil de l'Occident », de la « Coupe des nations », du fleuve embarrassé d'îles, le Rhin, qui reçoit une rivière de plaine, l'Ill, grossie de mille torrents des Vosges. Nous tenions le versant oriental de ces Vosges avec leurs sombres forêts et leurs sombres châteaux, pierre qui continue la pierre. Là étaient Strasbourg, héroïque et toujours fidèle; Schlestadt, place murée; Haguenau, qu'avoisine une immense forêt; Saverne, qui contemple des sapins; Wissembourg, que la Lauter sépare des Bavarois cisrhénans.

« Le département du Haut-Rhin, sauf le petit pays qu'on appelle provisoirement le Territoire de Belfort : soit environ 350,000 hectares de moins. Nous avons perdu là toute une vaste plaine, également sur l'Ill et sur le Rhin qui, fuyant d'un flot prompt l'urne des Grandes Alpes, tourne de l'ouest au nord au-dessous de l'helvétique Bâle. A l'ouest de cette plaine nous possédions les plus hautes des Vosges : en abandonnant ce Haut-Rhin, nous avons abandonné Mulhouse et près des quatre cinquièmes de la Moselle, où l'on nous a pris environ 425,000 hectares. Nous en gardons 112,000, à l'occident, sur les frontières de la Meuse, mais nous n'avons plus Metz « la Pucelle », Thionville, pleine de guerriers, Bitche l'imprenable, Sarreguemines ; et la Sarre, la fraîche rivière dont Sarreguemines a son nom, a passé de la France à l'Allemagne ;

« Près du tiers de la Meurthe, où l'ennemi nous a pris un peu moins de 200,000 hectares, dans le nord-est ; il nous en a laissé 400,000 ou un peu plus. Ce qu'il a gardé, c'est Phalsbourg, la « pépinière des braves » ; ce sont les vallons de la Sarre supérieure, dans les hautes forêts de Dabo ; et la Seille qui s'en va, lente, sinueuse, endormie, vers la Moselle de Metz ;

« Enfin 21,500 hectares des Vosges, où les Allemands se sont contentés des vallons dont la Bruche emporte les eaux vers Strasbourg.

« C'est 1,451,000 hectares et près de 1,600,000 hommes que nous a pris l'Allemagne.

« En nous laissant le territoire de Belfort, en nous arrachant le reste de l'Alsace et quelques vallons lorrains, les Allemands sont restés fidèles à la devise :

So weit die deutsche Zunge klingt,
Und Gott im Himmel Lieder singt.

« Aussi loin que sonne la langue allemande, partout où l'on trépigne avec fureur sur le clinquant des Velches, là est l'Allemagne », chante un des *lieds* fameux de ce peuple qui se dit pur, mais comme nous il est fait de sangs disparates ; qui se dit saint, mais il est sujet, comme nous, à toutes les faiblesses de l'humanité moderne ; qui se dit juste, mais il est plus injuste depuis ses victoires qu'il ne le fut après ses défaites. »

Mais que fut cet homme qui nous valut tant de honte, tant de misères, tant de désastres et tout cet amoindrissement de notre territoire ? — Que fut Napoléon III ?

Un condottiere entouré de gens prêts, comme lui, à se jeter dans les aventures. Il nous semble le voir passant dans les rues de Londres, au triple galop de son cheval, se souciant fort peu des piétons qu'il risquait d'écraser, tirant l'épée et le pistolet et paraissant étranger à toute pensée vraiment sérieuse, bien que déjà convaincu qu'il régnerait un jour sur la France.

« L'un des hommes les plus remarquables du siècle... par sa fortune », a dit de lui je ne sais quel diplomate anglais : mais combien était plus sage ce mot de Garibaldi le voyant au comble des honneurs et de la puissance : « Attendons la fin ! »

Car c'est, en effet, surtout « à la fin » que Napoléon, usé par les plaisirs, miné par la maladie, indécis, flottant, faible d'esprit devint le coupable jouet des circonstances jusqu'à se laisser imposer la guerre d'Allemagne par l'orgueilleuse volonté de l'impératrice, notre mauvais génie.

Et dans quel pitoyable état nous trouvait notre ennemie vigilante et depuis longtemps préparée à l'invasion ?

On s'était fort amusé à la Cour de France depuis 1852, nous l'avons dit ! Le ton y avait toujours été quelconque, les dames d'honneur fumant toutes au nez de l'impératrice, ayant les cheveux relevés à la chinoise, si bien tirés qu'elles pouvaient à peine fermer les yeux et s'habillant d'étoffes aux couleurs criardes qui offensaient les yeux et le bon goût. Le luxe de Paris n'eut alors plus de limites, tout fut à la furie des plaisirs et les moindres fêtes impériales un prétexte à exhibitions scandaleuses.

Ajoutez que dans tout cet entourage princier on intriguait, on se détestait en conscience, on « se jouait de bons tours. »

Nous avions les Persigny, les Fould, les Morny, les Rouher, les Drouyn de Luys, à la dévotion de l'impératrice qui était pour le clergé et fit la guerre du Mexique comme elle voulut la guerre d'Allemagne. En Angleterre il y avait les Derby, les John Russel, les Palmerston, les Peel, les Normanby, les Salisbury, les Disraéli, les Walpole, les Malmersbury. La Russie avait Gortschakoff. L'Italie avait Cavour et Ricasoli. La Prusse avait déjà Bismarck qui grandissait.

Hélas ! les hommes n'étaient pas égaux et nous en fîmes, en 1870, la sanglante expérience !

Le second empire dura vingt ans : un long espace dans la vie humaine !

Pour détourner les esprits de songer à la liberté, le despote donna libre carrière aux appétits sensuels : c'est la politique de tous les tyrans. Mais du jour où les jouissances matérielles étant épuisées la France prononça le mot de liberté, l'étoile de l'aventurier se voila, et pour sauver sa dynastie méprisée, sans se soucier de l'effondrement d'une nation qu'il avait trop longtemps terrorisée, asservie à ses plaisirs, à sa cruauté, il eût, — odieusement conseillé par une étrangère, — la coupable folie de déclarer la guerre à l'Allemagne.

Il succomba, mais hélas ! ne succomba pas seul !

La France a rejeté Napoléon avec horreur ; la Prusse l'a dédaigneusement laissé s'éteindre sous la honte dans un village d'Angleterre.

Il n'aura même pas eu sa légende de Sainte-Hélène.

On citera les succès militaires du second Empire avant 1870.

Sans doute l'épée de la France peut toujours gagner des batailles et peser lourdement dans la balance politique, quelle que soit la main qui la tienne ; mais n'oublions pas que Napoléon III est le seul souverain qui ait rendu cette épée, sans, — du moins, — avoir sauvé l'honneur.

Les Bonapartistes énuméreront complaisamment certains travaux, certains progrès matériels accomplis sous ce triste règne.

Nous ne les nions pas ! — Mais ces travaux, ces progrès, n'ont-ils pas été l'œuvre forcée du temps et ne se seraient-ils pas accomplis sans l'Empire ?

Si mauvais que soit un gouvernement force lui est, sous peine de mourir en naissant, de seconder certaines tendances de son époque. Mais, ce qui est l'œuvre personnelle du second Empire, ce qui en est la conclusion sinistre, ce qui laissera une longue, — trop longue — trace dans notre Histoire, c'est la perte — momentanée — de l'Alsace et de la Lorraine, c'est cette démoralisation de vingt années dont la France ne s'est relevée et ne se relève chaque jour qu'au prix des plus laborieux et des plus patriotiques efforts.

Napoléon III mourut le 9 février 1873.

A ses funérailles cinq cents Français, environ, vinrent représenter, affirmaient-ils « les regrets de la France entière ! » — Dans cette troupe de fidèles figuraient une trentaine d'ouvriers, — ou prétendus ouvriers, — dépenaillés, affublés pour la circonstance de blouses sales et de paletots en loques : ils étaient chargés de figurer au convoi « la démocratie française (??) »

Il repose à Chiselhurst. Si la France, qui grâce aux Bonaparte a vu par trois fois son sol envahi, doit une épitaphe à l'un des plus méprisables, des plus sinistres représentants de cette famille, ce ne peut être que celle-ci :

NAPOLÉON LE DERNIER !

TABLE DES MATIÈRES

Chapitre i. — Les origines. 9
Chapitre ii. — Le Coup d'État. — Le mariage. 36
Chapitre iii. — Les guerres, moins l'invasion prussienne . 68
Chapitre iv. — La France sous le second Empire. . . . 96
Chapitre v. — Guerre franco-prussienne. 160
Chapitre vi. — La troisième république. — Napoléon le Dernier. 223

FIN DE LA TABLE

Imprimerie DESTENAY, Saint-Amand (Cher.)

www.ingramcontent.com/pod-product-compliance
Lightning Source LLC
Chambersburg PA
CBHW060126170426
43198CB00010B/1048